Rolf Lohberg · Theo Lutz

HEIM-COMPUTER

SCHREIBERs
SCHLÜSSEL ZUR COMPUTERWELT

Rolf Lohberg · Theo Lutz

HEIM-COMPUTER

Illustrationen: Gerhard Utecht

Verlag J. F. Schreiber · Esslingen

Inhalt

CIP-Kurztitelaufnahme der Deutschen Bibliothek

Lohberg, Rolf:
Heimcomputer / Rolf Lohberg ; Theo Lutz. –
Esslingen : Schreiber
(Schreibers Schlüssel zur Computerwelt)
ISBN 3-480-13201-4
NE: Lutz, Theo:

Umschlaggestaltung: Claus Fritzmann
ISBN 3-480-13201-4

Vorwort

In den letzten Jahren ist der Computer vielen Menschen erheblich vertrauter geworden. Fast alle Europäer, Amerikaner und Japaner wissen heute, was ein Computer ist; immer mehr haben mit Elektronenrechnern zu tun. Eine ähnliche Entwicklung kennt man von vielen technischen Einrichtungen. Mit dem Auto war das so, mit dem Telefon und dem Fernseher, aber auch mit der Waschmaschine oder dem Geschirrspülautomaten.
Es gibt einige Gründe, warum der Umgang mit Computern heute viel selbstverständlicher ist als noch vor einigen Jahren. Erstens gelang es den Computer-Fabrikanten, ihre Produkte nicht nur leistungsfähiger zu machen, sondern gleichzeitig auch immer billiger. Heute kann jeder im Laden einen Computer kaufen, der ebensoviel kann wie die gigantischen Elektronenrechner von gestern. Aber dieser moderne Computer kostet nur einen Bruchteil dessen, was einst die Giganten kosteten.
Und diese Entwicklung geht weiter.
In den letzten Jahren sind Computer erschienen, die sich besonders für Menschen eignen, die durchaus keine Fachleute auf dem Gebiet der elektronischen Datenverarbeitung sind. Es sind Heimcomputer oder auch Mikrocomputer – abgekürzt nennt man sie auch »Mikro«. In diesem Buch erzählen wir, was es mit den Mikros auf sich hat. Wie sie aussehen, welche Typen es gibt, wie sie funktionieren und wie man mit ihnen umgeht. Auch berichten wir, was man zweckmäßigerweise beachtet, wenn man solch ein Gerät kauft – für sich oder wenn man seinen Kindern eine Freude machen will.

Was ist das – ein Computer?

Der »Mikro« oder »Personal Computer«
Dieses Buch beschäftigt sich mit dem Computer. Computer gibt es, genauso wie Autos und Radios, in allen Größen. Hier reden wir aber nur von Computern, die man zu Hause haben kann – von Computern für den persönlichen Gebrauch. Sie heißen deshalb auch »Heimcomputer«. Oft liest man »personal computer«. Der Begriff kommt aus dem Amerikanischen. Seine Abkürzung: »PC«.
Eine andere Bezeichnung ist »Mikrocomputer« oder »Mikro«, weil diese Computer einen Mikroprozessor enthalten. Wie man schon auf dieser Doppelseite sieht, sind durchaus nicht alle Mikros gleich.

Die Diskette
Sie kann größere Datenmengen speichern. Will man die Daten lesen oder will man sie auf einer Diskette speichern, so schiebt man sie durch einen Schlitz in das Lesegerät. Disketten gibt es in verschiedenen Größen. Weil sie auswechselbar sind, kann man auf mehreren von ihnen größere Datenmengen aufbewahren und mit anderen Leuten austauschen. Eine Diskette kann – und das ist besonders wichtig – auch fertige Programme speichern. So wird aus Disketten eine Programmbibliothek.

Der Druck

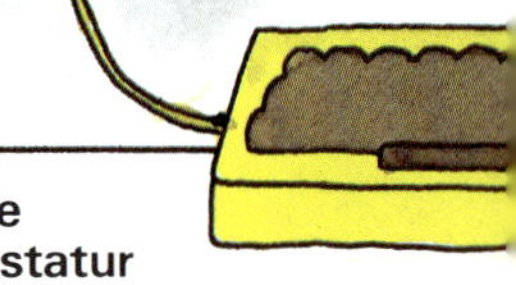

Das Handbuch
Auch dem größten Fachmann passiert es, daß er etwas bei seinem Mikro nicht weiß oder vergessen hat. Dann liest er im Handbuch nach. Was dort steht, muß zuverlässig sein. Sonst taugt es nichts. Auch der Heimcomputer ist dann keinen Pfifferling wert.
Bevor man an seinem Computer herumspielt, studiert man das Handbuch.

Die Tastatur
Jeder Heimcomputer hat eine Tastatur. Über sie gibt man Daten, Texte und Anweisungen an den Computer. Die Tastatur ist also das wichtigste Gerät für die Eingabe von Daten. Die Tastatur kann beim Mikro oder PC fest eingebaut sein. Oft ist sie – über ein Kabel – beweglich angeschlossen. Ihre Verwandtschaft

Prozessor und Speicher
Was den Computer zum Computer macht, ist innen untergebracht: Speicher und Prozessor. Der Prozessor (bei Mikrocomputern ist es ein Mikroprozessor, also ein kleiner) betreibt – wie der Motor beim Auto – den Computer und alle seine Teile. Man muß ihm dazu eine Folge einzelner Befehle geben: Drucke, Addiere, Lies eine Zahl! Eine solche Folge von Befehlen nennt man ein Programm.
Der Speicher (oder »Arbeitsspeicher«) kann Daten aufnehmen, behalten und wieder abgeben. Hier ist auch das Programm für den Prozessor festgehalten, das man über die Tastatur eingetippt hat.
Was man über die Tastatur eintippt, erscheint zwar zur Kontrolle auf dem Bildschirm, ist aber erst dann im Computer, wenn es in den Speicher aufgenommen ist.

Wir verwenden in diesem Buch die beiden Bezeichnungen Mikro und PC. Unter Mikro verstehen wir die mehr für technische Zwecke bestimmten Geräte, unter PC die für den privaten Bereich. Die Übergänge sind fließend.

Der Bildschirm

Alle Heimcomputer, alle Mikros, alle PC arbeiten mit einem Bildschirm. Auf ihm werden die Daten angezeigt, die man eintippt, aber auch die Ergebnisse, die aus dem Computer kommen. Das sind Zahlen – einzeln oder als Tabelle –, Texte und nicht selten Bilder, die sich sogar bewegen können. (Das ist etwa bei Computerspielen der Fall.) Der Bildschirm ist also ein Gerät für die Ausgabe von Daten. Größere und damit teurere Heimcomputer haben einen eigenen Bildschirm. Er kann bunt oder einfarbig sein. Manchmal ist er fest eingebaut, er kann aber auch beweglich über ein Kabel angeschlossen sein – je nach PC.
Billigere Heimcomputer kann man über ein Zusatzgerät an den normalen Fernseher anschließen. Dann kann man aber nur entweder fernsehen oder mit dem Computer spielen – nicht beides gleichzeitig.
Sehr kleine Heimcomputer sind ähnlich wie Taschenrechner. Sie haben statt des Bildschirms eine einzeilige Anzeige für 20 oder mehr Zeichen.

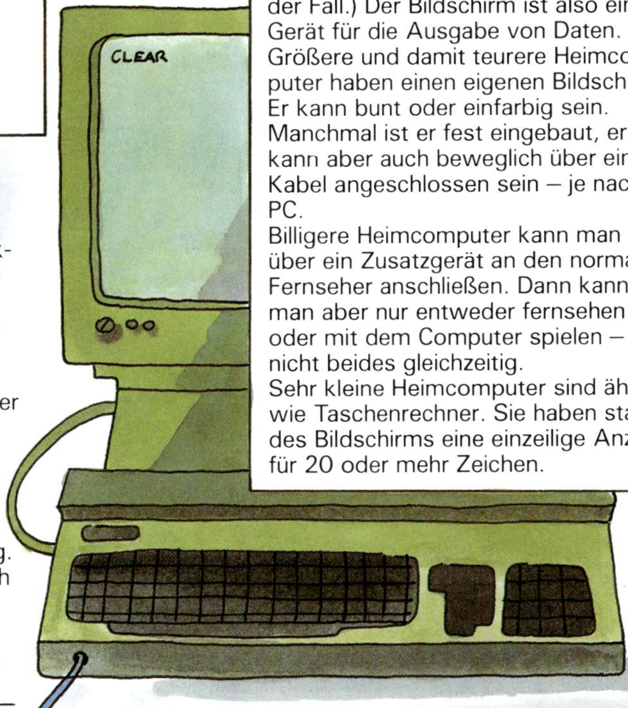

Amerikanische Ausdrücke
Beim Computer wimmelt es von amerikanischen Ausdrücken. Wer es mit einem Computer zu tun haben will, muß einige dieser amerikanischen Fachausdrücke lernen. Auf Seite 40 werden die amerikanischen Wörter erklärt, die in diesem Buch vorkommen.

‚uf ihm kann alles, ‚as der Computer ıacht, schwarz auf ‚eiß dargestellt wer- ‚en: Zahlen und Texte. ‚er Bildschirm zeigt ‚ur flüchtige Bilder; was der Drucker erzeugt, ist beständig. Manche drucken auch Bilder. Drucker sind nicht ganz billig und fehlen deshalb bei vielen Mikros.

ıit der Schreibmaschine ‚ann sie nicht leugnen, ıber sie hat meistens ıehr Tasten – vor ıllem Zusatztasten, ‚ie eine Schreibmaschine nicht braucht. Über die Tastatur wird ‚er Computer bedient. Alles, was man über ‚ie eintippt, erscheint ‚unächst auf dem Bildschirm oder auf einer Anzeige.

Kassetten
Kassetten, wie sie zum Aufzeichnen und Abspielen von Musik benutzt werden, kann man auch verwenden, um Daten zu speichern. Die Kassette ist also mit der Diskette verwandt. Manchmal ist beim Mikro der Kassettenrekorder fest eingebaut. Es gibt auch Heimcomputer, an die man ganz gewöhnliche Kassettenrekorder anschließen kann. Die Kassette ist für den Mikro ein preiswerter Speicher für größere Datenmengen, aber auch für Programme.

Das Programm im Computer

Schritt für Schritt
Ein Programm ist eine Art Vorschrift, in der steht, was passieren soll. Ein Programm für die Waschmaschine sagt, wann Wasser eingelassen, wann wie stark geheizt wird. Ein Computerprogramm legt fest, wie die einzelnen Teile und Geräte am Computer zusammenarbeiten, damit eine bestimmte Aufgabe gelöst wird. Es sagt dem Computer, wann welche Daten kommen, wie sie verarbeitet werden oder wann gedruckt werden soll.
Ein Programm besteht aus einzelnen Schritten. Man nennt sie Befehle, Instruktionen oder Anweisungen. Für den Anfänger ist es lästig, daß die Befehlsworte der Programmiersprachen amerikanisch sind. Neben Wörtern treten aber auch Zeichen auf. Ein + bedeutet Zusammenzählen, * steht für Malnehmen. Das vereinfacht die Sache.

Ein sehr kleines Beispiel
Wir schreiben ein kleines Programm, das aus der Kilometerzahl und dem verbrauchten Benzin die Liter pro 100 Kilometer rechnet:

```
1  LIES KILOMETER, LITER
2  RECHNE VERBRAUCH = LITER / KILOMETER * 100
3  DRUCKE VERBRAUCH
```

Die Befehle sind durchnumeriert. Wer weiß, daß / Teilen und * Malnehmen heißt, kann das Programm verstehen und nachrechnen.

Programmiersprachen
Es gibt mehrere dutzend Programmiersprachen für viele verschiedene Zwecke. Aber nicht jeder Mikro oder PC versteht jede Programmiersprache. Sprachen, die es dem Benutzer leicht machen, weil sie gut verständlich sind, heißen »höhere Programmiersprachen«. »Maschinensprachen« versteht vor allem der Computer selbst. Sie steuern seinen inneren Ablauf. Programme des Benutzers in einer höheren Programmiersprache setzt der Computer automatisch in seine Maschinensprache um. Der Heimcomputer hat dazu den Mikroprozessor. Er übersetzt das Programm und führt es dann Befehl um Befehl durch.
Wir verwenden in diesem Buch nur eine einzige Programmmiersprache. Sie ist bei Mikros sehr verbreitet und heißt BASIC (sprich »Beisik«). Man kann sie leicht verstehen. Sogar einige Taschenrechner arbeiten mit ihr.

Befehle
Mit BASIC-Befehlswörtern sieht unser Beispiel so aus:

```
10 INPUT KILOMETER,
   LITER
20 LET VERBRAUCH =
   LITER / KILOMETER
   * 100
30 PRINT VERBRAUCH
40 STOP
```

Die Zeichen =, / und * gehören zur Sprache BASIC – aber auch die Wörter INPUT, LET, PRINT und STOP. Man nennt sie »Schlüsselwörter«, an die man sich halten und die man korrekt schreiben muß.

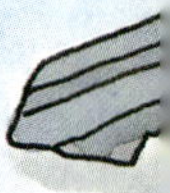

men in BASIC

ten, die man verarbeiten will, haben in BASIC »Namen«. eil sich im Verlauf eines Programmes der Wert, der ter einem Namen steckt, mehrfach ändern kann, nennt n sie auch »Variable«.
hlen-Variable benennt man mit einem Buchstaben und, nn man will, zusätzlich mit einer Ziffer. BASIC-Namen Zahlen könnten also K oder L oder M6 sein. Schreibt n im Programm
LET K6 = 100
hat ab diesem Befehl die Variable den Wert 100.
xt-Variable nennt man auch »Literale« oder »Zeichen-riable«. Als Namen für Literale schreibt man einen Buch-ben und dann originellerweise das Dollarzeichen. Also n Beispiel »C$« oder »T$«. Der Befehl
LET Z$ = "MAIER"
eichert das Wort Maier unter dem Namen Z$. Das Zei-en " kennzeichnet Anfang und Ende eines Literals.

Unser Beispiel in BASIC

Wir schreiben jetzt unser Benzinbeispiel in reinem BASIC. Dazu halten wir uns an die Regeln für die Namen und setzen hinter die Befehlsnummern jeweils einen Doppelpunkt.

```
1: INPUT K,L
2: LET V=L/K*100
3: PRINT V
4: STOP
5: END
```

Bei STOP hält das Programm, mit END sagen wir ihm, daß wir keinen weiteren Speicher mehr brauchen. Später werden wir lernen, wie man ein Programm noch freundlicher macht.

Frage: Wie groß ist V bei K=359 km und L=32,5 l? Unser Mikro rechnet es auf neun Stellen hinter dem Dezimalpunkt aus.

efehle und Daten im Speicher

er Speicher dient dazu, Daten aufzu-ehmen – nicht nur Zahlen und Texte, ondern auch Befehle. Jedes Zeichen ekommt im PC eine kleine Speicherzelle ugewiesen.
er Mikroprozessor hat eine Tabelle, in er für jeden Namen vermerkt ist, in welcher Speicherzelle sein erstes Zeichen steht und wieviele Zellen durch den Namen belegt sind. (Ähnliches gilt für Befehle. Hier spielt die Befehlsnummer die Rolle des Namens.)
Jede Zelle des Arbeitsspeichers hat eine Art Hausnummer. Sie heißt »Adresse«.

ASIC hat rund 50 hlüsselwörter. Aber cht alle funktionieren bei dem Computer. Wie es i einem Mikro ist, steht seinem Handbuch. Dort auch nachzulesen, was n Befehl im einzelnen wirkt, wie man ihn kor-kt schreibt und was man nst beachten muß.
rstößt man gegen die geln im Handbuch, so nn der PC den Befehl cht durchführen und oppt. Auf dem Bildschirm eht dann ein Kommentar, r weiterhilft.
e Nummer vor dem efehl regelt die Reihen-ge. Sie muß sein. Der kro braucht sie unbe-ngt.

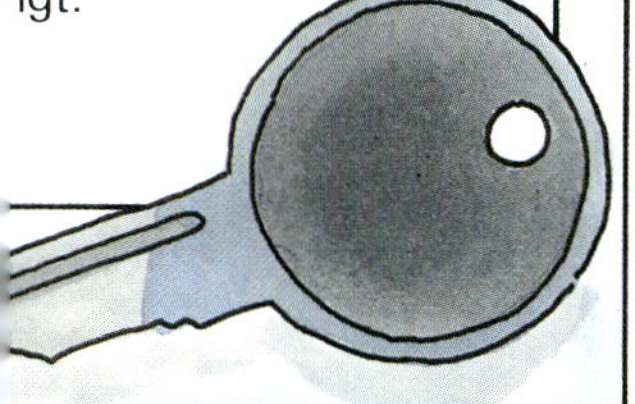

Der Arbeitsspeicher

Zu einem Prozessor gehört ein Arbeitsspeicher für viele tausend Zeichen. Die Speicherkapazität eines Mikro sagt, wieviele Zeichen der Arbeitsspeicher unterbringen kann. »Tausend« heißt auch in der Technik »Kilo«. 64 000 oder 64 Kilo oder 64K Speicherplätze – das ist eine ordentliche Kapazität für einen Mikro.
In einem Mikro findet man zwei Arten von Speicher. Die eine heißt ROM. Solche Speicher haben ihre Zeichen ein für allemal, man kann daran nichts ändern. Die andere heißt RAM. In die kann man selbst Zeichen eingeben. Außerdem gibt es noch Register: kleine Speicher, die Zahlen nur kurzfristig aufnehmen.

Was ist ein ROM?

ROM ist ein Arbeitsspeicher, den man nur lesen kann. ROM kommt von **R**ead-**O**nly-**M**emory. Memory ist im Englischen der Speicher, ›read-only‹ heißt: nur zum Lesen. Den ROM kann man mit einem Buch oder einer Schallplatte vergleichen. Er wird vom Hersteller des Mikro geladen und mit Informationen gefüllt. Er enthält alles, was der Heimcomputer braucht, um benutzerfreundlich zu sein. Das sind vor allem Mikroprogramme für den Mikroprozessor. Das Mikroprogramm, das BASIC-Befehle in Maschinensprache umsetzt, steht in der Regel auch im ROM. Der ROM ist meist kleiner als der RAM. Zu 64K RAM könnten 18K ROM gehören.

Was ist ein RAM?

RAM ist ein elektronischer Arbeitsspeicher, den man beliebig beschreiben und wieder lesen kann – wie ein Tonband oder eine Kassette. »RAM« heißt »**R**andom-**A**ccess-**M**emory« und bedeutet, daß man zu jeder Speicherzelle beliebig (»random«) lesend oder schreibend zugreifen kann. Alle Daten, die von außen kommen, etwa über die Tastatur, gehen zum RAM. Der RAM ist also eine Art Notizbuch. Liest man etwas im RAM, so bleibt (wie beim ROM auch) der Inhalt erhalten. Schreibt man in eine Speicherzelle, so wird der alte Inhalt überschrieben und ist verloren. Der RAM ist immer größer als der ROM. 2K RAM ist wenig, 512K RAM oder mehr sind viel.

Tasten sind zum Klappern da

Die Tasten am Mikro

Die Tastatur dient dazu, Daten, Befehle und spezielle Anweisungen an den Computer zu geben. Sie ist ein Eingabegerät. Sie kann fest beim Bildschirm eingebaut sein; häufig ist sie beweglich angeschlossen.

Die Eingabe erfolgt Zeichen um Zeichen – wie bei der Schreibmaschine. Drückt man K, so erzeugt die Tastatur eine Folge elektrischer Impulse, die für den Computer K darstellen. Das K wird in einem Register gespeichert und zugleich auf dem Bildschirm gezeigt. Hat man eine Zeichenfolge eingetippt, die der Computer aufnehmen soll, so drückt man eine Eingabetaste. (Sie heißt beispielsweise ENTER). Drückt man sie, so ist das Eingetippte im Computer – zum Beispiel im RAM.

Alle Mikros haben Tasten für Buchstaben (A bis Z), Ziffern (0 bis 9) und Sonderzeichen – dazu aber auch noch Funktionstasten wie ENTER, die etwas veranlassen.

Die Doppeltasten

Manche Tasten haben doppelte Funktion. Unten ist zum Beispiel das Zeichen »4«, oben das »$« – wie bei der Schreibmaschine auch. Die Hochstelltaste heißt auf amerikanisch SHIFT. Drückt man sie, so gilt das obere Zeichen. Diese Taste gibt es auch beim Mikro. Wie bei der Schreibmaschine kann man sie feststellen; dann gilt unverändert die obere Funktion. Dies gilt auch für das Klein-Groß-Schreiben.

Viele Mikros können auf dem Bildschirm nur große Buchstaben zeigen. Manche können dennoch große und kleine Buchstaben drucken. Das muß man ausprobieren.

Das Blank-Zeichen

Den Zwischenraum zwischen zwei Wörtern – »Blank« erzeugt man (wie bei der Schreibmaschine) meist mit einer Balkentaste.

Der Cursor

Ein kleinerer Bildschirm kann 2000 Zeichen zeigen – etwa so viel wie ein Blatt DIN A 4. Wie erkennt man, welche der 2000 Stellen gerade angesteuert ist? Der »Cursor« zeigt es. Er ist ein blinkendes kleines Quadrat, eine Linie oder ein anderes Signal. Gibt man dort ein Zeichen ein, so wandert der Cursor um eine Stelle weiter.

Der Cursor bewegt sich frei auf dem Schirm
Den Cursor kann man frei über den Bildschirm bewegen, ohne ein Zeichen zu schreiben. Dazu gibt es vier Tasten, die durch Pfeile anzeigen, wohin die Reise für den Cursor gehen soll. Mit ihnen kann man ihn auf jede Stelle des Bildschirms einstellen. Auch Tasten wie etwa »Zeilenanfang« bewegen den Cursor.

Eingabe-Fehler auf dem Schirm
Hat man sich vertippt, so setzt man den Cursor zurück und überschreibt, was falsch ist. Vorsicht: Bei der Schreibmaschine stört die Leertaste nicht. Beim Bildschirm löscht sie ein vorhandenes Zeichen und ersetzt es durch einen Zwischenraum. Manche Tastaturen haben Löschtasten für ganze Wörter.

Die Programmfunktionen
Ein gutes Dutzend Tasten kann festen Programmen im Mikro zugeordnet werden. Der Besitzer eines PC kann das einrichten, wie er will. Drückt man eine dieser Tasten, so wird das entsprechende Programm aktiviert.

Der Steuerhebel
An manche Mikros kann man einen Steuerknüppel anschließen. Mit dem kann man den Cursor bewegen. Man braucht ihn auch bei Computerspielen.

»Drucken Bildschirm«
Mit dieser Taste läßt man, was auf dem Bildschirm sichtbar ist, mit dem Drucker ausdrucken.

Zeichen auf der Tastatur
Alphabetische Zeichen:
A B C D E F G H I J K L M N
O P Q R S T U V W X Y Z Ä
Ö Ü

Numerische Zeichen:
1 2 3 4 5 6 7 8 9 0

Sonderzeichen:
! $ & / ( ) = ? * +
– _ : . ; ,

Alphanumerische oder alphamerische Zeichen:
A bis Z und 1 bis =

Funktionstasten:
ENTER, SHIFT
PF1 – PF 12
Pfeile
Vorschub
usw.

Der Mikro als Tischrechner
Manche Tastaturen haben – häufig rechts – ein Tastenfeld mit vier mal vier, also 16 Tasten. Die sind für die Ziffern 0 bis 9 da, für einen Dezimalpunkt und für die vier Grundrechenarten. Damit kann man den Mikro zum schlichten Tischrechner machen. Das kann nützlich sein, wenn der PC ohnehin schon auf dem Schreibtisch steht und ab und zu etwas Einfaches ausgerechnet werden soll.

ENTER
Drückt man die Taste ENTER (sie kann auch RETURN heißen), so geht alles, was man zuletzt eingetippt hat, vom Bildschirm in den Computer – also in den RAM.

Das erste richtige Programm

Benutzerfreundlich und dialogfähig

Wir bringen jetzt das Programm, das den Benzinverbrauch auf 100 Kilometer errechnet, in eine feinere Form. Dabei verlangen wir folgendes von ihm:

1 Es soll jeweils erklären, was es von uns erwartet.
2 Es soll kommentieren, was es tut.
3 Es soll so lange Datenpaare (Kilometerzahlen und Liter) aufnehmen und zusammenzählen, bis alle Paare verarbeitet sind.

Solch ein Programm ist auf dieser Doppelseite dargestellt. Seine einzelnen Teile werden erklärt.

Das Programm ist in BASIC geschrieben. Weil es inzwischen schon viele BASIC-Dialekte gibt, läuft es so vielleicht nicht auf jedem Mikro. Dann muß das Handbuch her.

Mit den Kommentaren, die das Programm von sich gibt, wird es benutzerfreundlich. Es ist jetzt, im Gegensatz zur alten Version, auch dialogfähig.

Schlüsselwörter

In unserem Programm treten folgende Schlüsselwörter auf:

=	Ein Name bekommt einen Wert zugewiesen.
PRINT	Es wird gedruckt oder auf dem Schirm gezeigt.
INPUT	Von der Tastatur wird Eingabe erwartet.
+	Zwei Zahlen werden zusammengezählt.
IF	Eine Bedingung wird getestet.
GOTO	Es wird verzweigt.
LET	Es wird gerechnet; das Ergebnis wird einem Namen zugewiesen.
*	Malnehmen mit zwei Zahlen.
STOP	Programmablauf beendet.
END	Ende des Programmes.

1 – Die Vorbereitung
Zu den Namen L (Liter) und K (Kilometer) soll fortwährend addiert werden. Vorher müssen die Datennamen mit dem Wert 0 versehen werden. (L=0 und K=0). Die Datenfelder, die bisher bei den Namen im Speicher standen, werden gelöscht. Sind es Literale, so schreibt man dort Zwischenräume hinein.

```
=0
=0
                                1
RINT »EINGEBEN KM UND
R«
PUT K1, L1                      2

=K+K1
=L+L1
                                3
RINT »MEHR DATEN DANN
A«
PUT F$
F$=»JA« GOTO 20                 4

T V=L/K*100
RINT »VERBR JE 100 KM«;V
                                5

OP
D
                                6
```

2 – Die Dateneingabe
Weil die Dateneingabe benutzerfreundlich sein soll, sagt der Mikro dem Benutzer mit einem PRINT-Befehl, welche Daten er von ihm erwartet. Der Text nach dem Wort PRINT ist ein Literal und wird so gedruckt und auf dem Bildschirm gezeigt, wie er zwischen den Gänsefüßchen angegeben ist.
K1 und L1 nehmen über den INPUT-Befehl die jeweiligen Datenpaare auf – gewissermaßen als Zwischenspeicher.

3 – Das Verarbeiten
Die über INPUT angeforderten Datenwerte werden zu den Summenfeldern K und L addiert. Dazu dienen die zwei Additionsbefehle K=K+K1 und L=L+L1.

4 – Testen und Verzweigen
Mit Zeile 40 wird der Benutzer gebeten, zu sagen, ob noch mehr Datenpaare kommen. Tippt er JA ein, so läuft alles noch einmal von vorn – auch die in Nummer 40 gestellte Frage. Bei 45 wird ein JA erwartet – oder irgendetwas anderes, das dann als »nein« gilt. Die Antwort wird in F$ gespeichert.
Nun kommt der Text: Bei 47 prüft der IF-Befehl (IF heißt »wenn«), ob es ein JA war. Wenn ja, so wird mit GOTO (»gehe nach«) der Programmablauf auf Befehl 20 zurückversetzt.
Wurde etwas anderes als JA eingegeben, so geht es im Programm weiter. Das IF ist dann unwirksam – Befehl 50 kommt.
Diese zwei Möglichkeiten nennt man eine Verzweigung.
IF-Befehle sind sehr wichtig, weil sie gestatten, den Ablauf des Programms von außen zu steuern.

5 – Das Auswerten
An Stelle 50 weiß der Mikro, daß keine weiteren Datenpaare mehr kommen. Jetzt kann mit einem LET – das bei manchen BASIC-Dialekten auch entfallen darf – aus allen Daten der Verbrauch pro 100 Kilometer errechnet werden. Das Ergebnis wird dann mit einem PRINT-Befehl ausgegeben.

6 – Der Programm-Abschluß
STOP gibt man dort ein, wo das Programm nicht mehr weiterrechnen soll. END bedeutet, daß auch keine Speicher mehr gebraucht werden.

Die Befehlsfolge
Es gibt wenig Regeln für die Vergabe von Befehlsnummern. Sie müssen nur unmißverständlich die Reihenfolge der Befehle bezeichnen. In unserem Beispiel sind die Nummern so vergeben, daß die erste Ziffer zusammengehörige Befehle kennzeichnet. Dort, wo Nummern zunächst nicht benutzt sind, kann man später Befehle dazwischenschieben.

Das Ablauf-Protokoll
Ein Programmablauf für zwei Datenpaare könnte auf dem Bildschirm eines Mikro so aussehen, wie es hier steht. Links ist das, was eingetippt wurde. Und etwas nach rechts versetzt, was der Computer sagt:

```
RUN
          EINGEBEN KM UND LTR
          ?
325
          ?
30.2
          MEHR DATEN DANN JA
          ?
JA
          EINGEBEN KM UND LTR
          ?
409
          ?
38
          MEHR DATEN DANN JA
          ?
nein
          VERBR JE 100
          KM   9.291553134
          BREAK AT 60
```

Das Programm kommt in den Mikro

Die Befehle werden eingegeben
Üblicherweise schreibt man das Programm zuerst auf ein Stück Papier, damit einem ganz klar wird, was man eingeben will. Dann wird es auf der Tastatur eingetippt. So kommt es in den Arbeitsspeicher.
Ein Befehl – das wissen Sie nun schon – besteht zunächst aus einer Befehlsnummer, die eins bis vier Ziffern hat. Dann kommt ein Zwischenraum, jetzt erst der eigentliche Befehl. Der beginnt in BASIC mit einem Schlüsselwort.

Jeder Mikro hat eine Reihe von Bequemlichkeiten, die das Eintippen der Programme erleichtern. Das sind meist Funktionstasten. Eine wichtige Rolle spielen der Cursor und die Tasten, die ihn auf dem Bildschirm herumjagen.

Das Eintippen
Wer ein neues Programm eintippt, beginnt zweckmäßig auf einem leeren Schirm. Wie man den bekommt, steht im Handbuch. Nun schreibt man die erste Befehlsnummer, tippt einen Zwischenraum und schreibt dann den Befehl. Meint man, daß er korrekt geschrieben ist, drückt man die Taste ENTER (die auch anders heißen kann). Damit übernimmt der Mikroprozessor den Befehl und baut ihn in den Arbeitsspeicher ein. Alle andern Befehle gibt man genauso ein. Wichtig ist, daß die Befehlsnummern ansteigen, von Befehl zu Befehl größer werden.

Die Befehlsnummern
Im Beispiel auf der letzten Doppelseite haben wir die Befehlsnummern so geschrieben, daß man an der ersten Ziffer sehen konnte, welche Befehle zusammengehören. Das ist sehr praktisch.
Noch zweckmäßiger ist es, wenn man beim ersten Eintippen eines Programms die Befehlsnummern nicht in Einerschritten, sondern in Zehnerschritten eingibt. Man zählt also besser nicht 1, 2, 3 . . . sondern 10, 20, 30 . . .
Dann kann man später zusätzliche Befehle dazwischenklemmen. Wie das geht, steht rechts drüben unter dem Stichwort »Befehle einfügen«. Manche Mikros zeigen, wenn man das will, die Befehlsnummern automatisch an. Das ist sehr bequem. Wie es funktioniert, steht rechts drüben unter dem Stichwort »AUTO«.

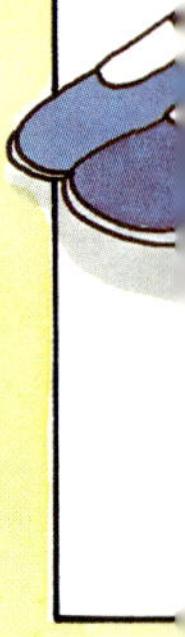

Das Auflisten
Oft ist es zweckmäßig, das Programm zu überprüfen. Dazu schreibt man das Kommando
LIST (ENTER)
Dieser Befehl macht das Programm, das im Arbeitsspeicher steht, auf dem Bildschirm sichtbar, »listet es auf«. Ist das Programm größer als der Bildschirm, so gibt es eine Taste (etwa ›Pfeil nach oben‹), die es zeilenweise nach oben rückt. Hat der Mikro einen Drucker, so wird das Programm ausgedruckt. Manche Mikros haben eine besondere Funktionstaste, die ausdrucken läßt, was auf dem Bildschirm steht. Sie heißt PRINT SCREEN, PRTSC oder ähnlich.

AUTO
Dieses Kommando produziert Befehlsnummern. Vor dem ersten Befehl schreibt man AUTO (ENTER) und sieht auf dem Schirm die erste Zehnernummer: 0010. Hat man einen Befehl eingegeben, kommt die nächste Zehnernummer: 0020. AUTO springt in Zehnernummern, damit man Befehle dazwischenklemmen kann.

Befehle einfügen
Manchmal bemerkt man erst später, daß im Programm etwas vergessen wurde. Dann muß man einen Befehl einfügen. Bei manchen Mikros geht das so, daß man das amerikanische Wort für ›einfügen‹ schreibt: INSERT. Dann kommt die Nummer des Befehls, ein Zwischenraum und schließlich der Befehl. Manche PC sind zufrieden, wenn man ihnen nur den Befehl zusammen mit seiner Befehlsnummer anbietet: man darf INSERT weglassen. So oder so: anschließend muß man ENTER drücken.
Ist die Befehlsnummer bereits vergeben, werden manche Mikros aktiv, melden einen Fehler oder wollen eine Bestätigung. Dafür muß man ENTER nocheinmal drücken. Andere – und das ist die Regel – überschreiben den alten Befehl. Damit kann man korrigieren. Man braucht nur den verbesserten Befehl mit Befehlsnummern auf den Schirm zu schreiben und ENTER zu drücken.

Befehle löschen
Will man einen Befehl aus einem Programm entfernen, so muß man bei manchen Mikros DELETE schreiben (»löschen«), dahinter die Befehlsnummer und dann ENTER drücken. Einfachere Computer verzichten auf das Wort DELETE und sind mit der Befehlsnummer zufrieden. Das ist riskant. Allerdings ist ein gelöschter Befehl auch schnell wieder eingetippt.

ENUMBER
icht alle Mikros oder PC haben dieses Kommando. chreibt man es – und wird es vom Computer verstanden , so werden die Befehle durchgehend umnumeriert. Und war von 0010 in Zehnerschritten aufwärts. Jetzt kann an neue Befehle dazwischenklemmen, denn zwischen vei bisherigen Befehlen stehen jetzt neun zusätzliche ositionen zur Verfügung. (RENUMBER heißt auf deutsch Jmnumerieren‹.) Gibt man anschließend das Kommando ST, so hat man eine neue, bessere Zusammenstellung ines Programmes.

Das Programm läuft
Um ein eingegebenes Programm in Gang zu bringen, schreibt man RUN (ENTER)
Das Programm beginnt dann beim Befehl mit der niedersten ummer und endet beim STOP-Befehl oder beim ersten ehler. Der Computer zeigt auf dem Bildschirm, wo er estoppt hat. Die meisten Fehler kommen von fehlerhafn Programmen, wenige von falsch eingegebenen Daten nd fast keine von der Maschine selbst.

Was ist ein Kommando?
Befehle im Programm bringen Daten in den Computer, verarbeiten Daten und schaffen Ergebnisse nach außen. INPUT, LET, PRINT, IF und GOTO sind typische Befehle.
Bei Anweisungen wie RUN, AUTO oder LIST ist nicht das Programm tätig, sondern der Benutzer selbst. Man spricht dann nicht von Befehlen, sondern, um Mißverständnisse zu vermeiden, von Kommandos.
Auch Funktionstasten sind Kommandos zur besseren Bedienung des Mikro.

nd was bietet der Cursor?
it dem Cursor findet man sich auf dem Bildhirm zurecht. Dazu hat man meist vier Tasten, r jede Richtung eine. Läßt man den Finger uf der Taste liegen, so hüpft der Cursor weiter, s man den Finger wegnimmt.
ft kann der Cursor mit andern Tasten gekopelt werden. Man bringt ihn an eine Stelle auf em Schirm und drückt die Taste ›Einfügen‹ ie vielleicht INSERT heißt). Jetzt rückt alles lange nach rechts, bis man den Finger wegmmt. In den entstandenen Zwischenraum nn man tippen, also einfügen.
Oder: Man bringt den Cursor an eine Stelle und drückt die Taste ›Löschen‹ (die möglicherweise DELETE heißt). Schon verschwinden hinter dem Cursor von rechts her die Zeichen, bis man den Finger wegnimmt.
Es lohnt sich, den Cursor zu beherrschen. Er ist ein tüchtiger elektronischer Diener auf dem Bildschirm.

Mehr Speicher für den Mikro

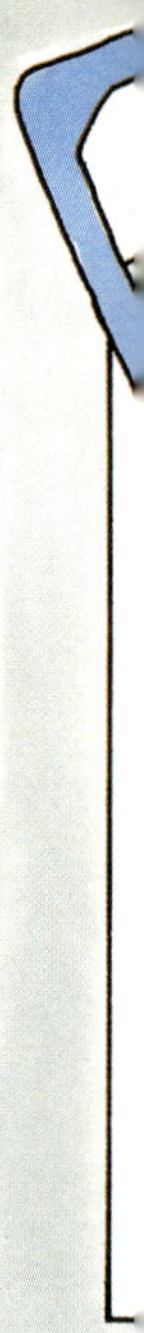

Es gibt viele Möglichkeiten, Daten und Programme festzuhalten
Den ROM des Arbeitsspeichers kann man nur lesen, aber nichts zusätzliches darin speichern. Dort stehen feste Daten und Programme. Sie setzen zum Beispiel die BASIC-Befehle und Kommandos in Maschinensprache um.
Benutzerdaten und Benutzerprogramme stehen im RAM. Ihn kann man nicht nur lesen, sondern auch mit Daten und Programmen füllen. Läßt man viele Programme abwechselnd laufen, so will man nicht immer wieder eintippen. Das gilt auch, wenn man viele Daten verarbeiten will. Hier braucht man weitere Speicher, die ein Vielfaches des RAM aufnehmen können. Solche Speicher sind die Kassette und die Diskette. Sie nehmen auch Daten und Programme aus dem RAM auf, um sie aufzubewahren. Und geben sie wieder an den RAM, wenn damit gearbeitet werden soll."

Befehle beginnen mit einer Befehlsnummer. Korrekt geschriebene Programme beginnen mit der niedrigsten Befehlsnummer und enden mit der Anweisung END. Mit solchen Angaben kann der Mikroprozessor das Programm im Arbeitsspeicher, also im RAM, verwalten. Gibt man das Kommando RUN, so beginnt der Mikroprozessor bei der kleinsten Befehlsnummer. Hat man mehrere Programme, so schreibt man hinter RUN die Befehlsnummer, bei der es losgehen soll. Will man ein Programm auf einer Kassette oder Diskette speichern, muß man ihm einen Namen geben. Heißt das Programm VERBRAUCH, so hält man es mit SAVE VERBRAUCH fest. (SAVE ist ein Kommando wie LIST oder RUN.) Will man das Programm vom Speicher in den RAM holen, so schreibt man LOAD VERBRAUCH.

Programme im RAM

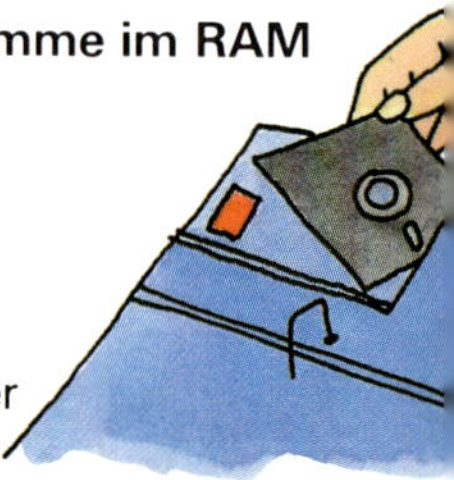

Der Blick in den Speicher Jeder Mikro zeigt in BASIC-Sprache auf dem Schirm, was im RAM steht, wenn man die Befehlsnummer angibt oder den Namen für das Datenfeld.

Manche Mikros zeigen direkt (nicht in BASIC übersetzt) was im RAM oder im ROM steht.

RAM und ROM im Chip
Chips sind kleine Siliziumscheiben mit winzigen Transistoren. Auf der Fläche eines Viertel-Quadratzentimeters haben über 100 000 Transistoren oder 64 000 Bit Platz – Raum für 8000 Zeichen. Bei einem RAM oder ROM für 64K Zeichen sind 8 Chips auf einen Porzellanträger zusammengeschaltet und in einem Kunststoff- oder Aluminiumgehäuse versiegelt. Solch ein Speichermodul hat die Maße 2,5 auf 2,5 auf 0,5 Zentimeter; unten schauen rund 50 Anschlußzapfen heraus.

Daten im Speicher
Im Gegensatz zu den Befehlen, die durch Nummern gekennzeichnet sind, beginnen Daten mit einem Buchstaben. Will man die Daten auf Kassetten oder Disketten schreiben oder von dort lesen, muß man eine Liste der Namen angeben, die zu einem Datensatz zusammengefaßt werden sollen. Oft schreibt man Daten mit dem Befehl PUT und liest mit dem Befehl GET.

Der Kassettenspeicher

Das ist eine ganz normale Musik-Kassette. Auf ɔer kann man statt Musik auch Daten speichern. Dazu ɔchließt man einen Kassettenrekorder an den PC oder Vlikro an. Er muß allerdings eine automatisch ansteu-ɘrbare Start-Stop-Einrichtung haben. Wie und welche Geräte angeschlossen werden können, steht im Hand-ɔuch des Mikro. Manchmal ist der Kassettenrekorder ıuch fest in die Tastatur oder den Bildschirm des Vlikro eingebaut. Manche Kassetten bringen 64 Mil-ionen – abgekürzt 64M – Zeichen unter. Das ist das Tausendfache eines Arbeitsspeichers mit 64K.

Programme auf Kassetten

Programme nimmt man ähnlich wie Musikstücke auf. Man fährt die Kassette hinter das zuletzt Gespeicherte, tippt das Kommando SAVE, einen Namen für das Programm und ENTER. Sobald sich das Kassettenband bewegt, wird das Programm aus dem RAM auf die Kassette gespeichert. (Es empfiehlt sich, nur mit zuvor gelöschten Bändern zu arbeiten.) In einem Notizbuch hält man den Zählerstand des Kassettenrekorders für Beginn und Ende des Programmblockes fest sowie den Namen des Programms.

Will man ein Programm wieder in den RAM bringen, so setzt man die Kassette vor den betreffenden Block und tippt das Kommando LOAD sowie den Programmnamen ein. Auf dem Bildschirm findet man bei manchen Mikros einen Kommentar, der besagt, ob das Überspielen erfolgreich war. Gespeicherte Programme kann man über den Lautsprecher des Rekorders hörbar machen. Sie klingen wie sehr moderne Musik.

Vas ist ein Datenbestand?

Sparkassen speichern für jedes Sparbuch dessen Nummer, ɗen Namen des Kunden, den Zinssatz und den gesparten Betrag. Dafür könnte man so schreiben:

SPAR: NUMMER, KUNDE, ZINS, BETRAG

Eine solche Folge von Daten nennt man einen Satz, viele Sätze ähnlicher Art einen Datenbestand. In einem Datenatz sollte immer ein typisches Datenfeld sein – etwa die Sparbuchnummer. Ein solches Feld nennt man »Schlüssel«.

Daten auf Kassetten

Daten schreibt man immer mit Hilfe eines Programms auf die Kassette. Die Datensätze eines Bestandes schreibt man Satz um Satz. Man kann sie dann auch nur in dieser Reihenfolge lesen, Satz um Satz. An einem Schlüssel erkennt das Programm, um welchen Satz es sich jeweils handelt.

Ein Schreibbefehl in BASIC könnte so aussehen:

```
0225 PUT SPARBEST, K, N$, Z,B
```

Gelesen wird mit dem Befehl

```
0325 GET SPARBEST, K, N$, Z,B
```

SPARBEST ist der Name des Bestandes. Dann kommen seine Datenfelder.

Der Diskettenspeicher

Ein Diskettenlaufwerk bringt große Vorteile beim Speichern von Daten und Programmen. Eine »floppy disk« (biegsame Scheibe) besteht aus Material, das wie ein Magnetband elektrische Eigenschaften hat. Die Platte wird in ein Diskettenlaufwerk eingeschoben und dreht sich schnell. Ein Schreib-Lesekopf, den man auf unterschiedliche Positionen einstellen kann, schreibt und liest auf der Oberfläche der Scheibe in konzentrischen Kreisen. Man nennt sie »Spuren«. Teilt man der Elektronik des Laufwerkes eine Spuradresse mit, so wird der Schreib-Lesekopf auf diese Spur eingestellt. Die Kapazität einer Diskette kann bis zu einer Million Zeichen betragen. Die Mini-Diskette mit rund 13 cm Durchmesser faßt rund 160K Zeichen. Sie ist beim Mikro sehr verbreitet.

Blöcke auf Disketten

Bevor man eine Diskette in Gebrauch nimmt, teilt man sie beliebig in Blöcke fester Länge ein. Jeder Block kann einen Datenbereich aufnehmen – zum Beispiel den ganzen Arbeitsspeicher. Ein Adressbuch (»directory«) wird gespeichert, in dem jeder Block ein Kennzeichen hat: einen Programmnamen oder den Schlüssel für einen Datensatz.

Gibt man beim Lesen oder Schreiben das Kennzeichen an, so findet der Mikro im Adressbuch die Adresse des Blockes – unabhängig von jeder Reihenfolge. Man kann also auf der Platte ebenso zugreifen wie im Arbeitsspeicher, ohne (wie bei der Kassette) an eine Reihenfolge gebunden zu sein.

Programme auf Disketten

Die Diskette eignet sich besonders zum Speichern und Sichern von Programmen. Will man ein Programm auf die Diskette übertragen, so schreibt man SAVE sowie den Namen des Programmes und drückt ENTER. Alles andere erledigt der Mikro. Mit dem Ladekommando LOAD, auf das der Programmname folgt, wird das Programm wieder in den RAM gebracht. Mit weiteren Kommandos lassen sich das Adressbuch auf den Schirm bringen oder Eintragungen löschen.

Der Mikro zeigt, was er weiß

Bildschirm und Drucker
Die beiden sind die wichtigsten Geräte für die Ausgabe von Daten aus dem Mikro. Was der Bildschirm meldet, steht nur kurz da – aber man kann es bei Bedarf immer wieder holen. Was gedruckt ist, kann man aufbewahren.
Der Ausgabebefehl in BASIC heißt PRINT. Ob damit der Bildschirm gemeint ist oder der Drucker oder ob beide – das ist von Mikro zu Mikro verschieden. Bei manchen muß man es besonders angeben; Näheres steht im Handbuch.
Man schreibt also nach der Befehlsnummer das Wort PRINT und dann alle Datennamen, deren Werte ausgegeben werden sollen. Auch Textketten, also Literale, dürfen auftreten. Sie stehen dann zwischen Gänsefüßchen.

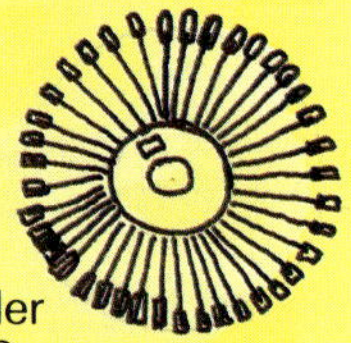

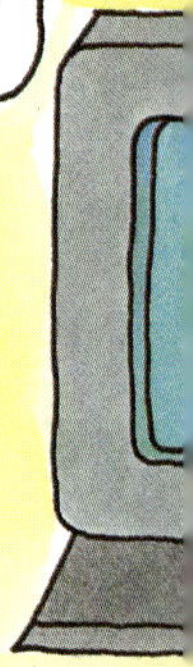

Das Typenrad
Es ist ein Rad, das ringsum Buchstaben oder Zeichen trägt. Der Mikro steuert es so, daß genau das Zeichen, das gedruckt werden soll, vor einen schlagenden Hammer kommt. Der klopft von hinten gegen Papier, Farbband und Type.

Der Nadeldrucker
Der Schreibkopf trägt ein Bündel von Nadeln. Zeichen bestehen aus einer entsprechenden Kombination von Nadeln, die von hinten angeschlagen werden und über ein Farbband Punkte drucken. Die ergeben zusammen das Zeichen, das gedruckt werden soll.

Der Thermodrucker
Ähnlich wie der Nadeldrucker hat der Thermodrucker Nadeln, die aber heiß sind. Sie färben dort, wo sie auftreffen, eine chemische Substanz im Papier. Man braucht Spezialpapier.

Der Tintenspritzer
Bei diesem Drucker werden kleinste Tintentröpfchen elektrisch geladen. Sie können dann – wie der Elektronenstrahl im Fernseher – so abgelenkt werden, daß sie an bestimmten Stellen landen. Die ›ink jet‹-Drucker sind teuer, liefern aber ein gutes Schriftbild.

Endlospapier
Bei der Schreibmaschine legt man immer ein einzelnes Blatt ein, um es zu beschreiben. Beim Drucker hat man Endlospapier, das von einer Rolle oder (bei größeren Druckern) von einem Stapel kommt. Das Endlospapier hat oft Randstreifen mit Löchern für den Transport; die kann man später abreißen. Druckerpapier ist nicht billig!

Das Druckbild
Die Qualität eines Druckbildes hängt ab vom Papier, vom Alter des Farbbandes, von der Anschlagtechnik und von der Art des Druckers.

So funktioniert der Bildschirm

Der Bildschirm beim Mikro besteht, wie ein Fernsehbildschirm, aus rund 150 000 Bildpunkten in Zeilen und Spalten. Mit einem Ablenksystem kann man jeden Punkt ansteuern und ein- oder ausschalten. Das geht mit den in der Elektronik üblichen Geschwindigkeiten. Manche Bildschirme sind bunt. Man kann wählen, in welcher von mehreren Farben jeder Punkt leuchten soll.
Mit den Punkten kann man richtige Bilder malen. Schreibt man Buchstaben, Ziffern und Zeichen, so zeigt der Bildschirm sie als ein System von Punkten. Der Benutzer hat damit nichts zu tun. Er tippt A ein – und der Bildschirm zeigt ihm ein A. Nur beim genaueren Hinsehen erkennt man die Punktestruktur des Bildschirms.

Wieviel Zeichen hat der Bildschirm?

Eine Schreibmaschinenseite faßt, wenn man je Zeile 50 Anschläge schreibt und 40 Zeilen aufs Papier bringt, rund 2000 Zeichen. Ähnlich viele Zeichen (eher weniger) haben auf einem Bildschirm Platz. Zu dieser Zahl kommt man, wenn man die 150 000 bis 250 000 Bildpunkte in einen Raster von 5×7 Punkten aufteilt und Zwischenräume einkalkuliert.

Verschiedene Bildschirme

Die Bildschirmoberfläche besteht aus lauter Pünktchen; jedes kann vom Programm zum Leuchten gebracht werden. Die Anzahl der Bildpunkte bestimmt die »Auflösung« des Bildschirms. Die Punkte sind auf Zeilen und Spalten verteilt. Manche Bildschirme sind hochformatig, andere sind quer, wie der Fernseher. Üblicherweise gibt man an, wieviel Punkte in einer Zeile sind und wieviel Zeilen es gibt. Je 640 Punkte in 200 Zeilen (man schreibt 640×200) ergibt 128 000 Bildpunkte. Ein solcher Schirm ist quer und relativ klein. 432×640 ergibt 276 480 Bildpunkte und ein Hochformat.
Monobildschirme haben einen schwarzen Hintergrund und grüne oder hellblaue Punkte. Bei bunten Bildschirmen kann ein Punkt vier oder mehr Farben annehmen – bis zu 16. Hohe Auflösung und viele Farben machen den Schirm interessant, aber auch teuer.

Man kann auch Bilder drucken

Besonders die Nadeldrucker erlauben es, ihre Punkte so zusammenzusetzen, daß eine Zeichnung entsteht. Man kann damit also nicht nur unterschiedliche Schriften, sondern auch Grafiken und Bilder drucken.
Die Punkte sind etwas Ähnliches wie das Korn beim Foto. Ein dichteres Punkteraster ergibt, wie das feinere Korn, ein feineres Bild. Das kostet allerdings Geld. Bunte Drucker gibt es auch. Aber sie sind relativ teuer und schwer zu handhaben.

Der Fernseher am Mikro

An viele Mikros kann man den häuslichen Fernseher anschließen. Man braucht dann ein Zusatzgerät, einen Adapter, der den Mikro mit dem Antenneneingang des Fernsehers verbindet. Manche Mikros haben den Adapter fest eingebaut oder man kann ihn selbst einbauen.
Solange der Fernseher an den Mikro angeschlossen ist, kann man nicht fernsehen.

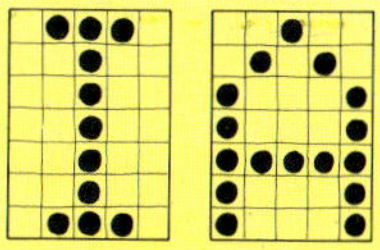

Zeichen und Punkte

Daß man mit Punkten Zeichen und Bilder darstellen kann, ist nichts Neues. Man braucht nur ein Zeitungsbild mit der Lupe zu betrachten. Man spricht da von einem »Raster«. Hat solch ein Raster 7 Zeilen mit je 5 Punkten, so kann man in diesem Rechteck alle Zeichen unseres Mikros darstellen. Zwei Beispiele sind links aufgezeichnet. Auf dem Bildschirm ist ein solcher Punkt eingeschaltet oder ausgeschaltet.
Schreibt man für »Ein« eine 1 und für »Aus« eine 0, so kann man jedes Zeichen des Mikro durch ein Kästchen mit Nullen und Einsen darstellen. Eine solche Darstellung heißt »binär«. Setzt man alle Zeilen hintereinander, so kann man jedes Zeichen durch eine Kette von Nullen und Einsen darstellen. Mit diesen Nullen und Einsen kann die Elektronik über den Elektronenstrahl auf dem Bildschirm alle Punkte so ein- und ausschalten, daß ein Zeichen entsteht. Geht man weit genug vom Schirm weg, so sieht man den Raster nicht mehr.

Es piept im Computer

Punkte, Töne und Signale
Auf dieser Seite berichten wir von reizvollen Möglichkeiten, mit dem Mikro umzugehen. Sie sind allerdings eher etwas für Tüftler und Leute mit Geduld.
Die Zeichen, die auf Bildschirm und Drucker erscheinen, sind aus Punkten zusammengesetzt. Fast alle Mikros sind darauf eingerichtet, daß man mit den Punkten machen kann, was man will. Man kann drum mit dem Mikro auch zeichnen und malen. Das nennt man »graphische Ausgabe« oder »Computergraphik«. Man kommt dabei nicht ohne Handbuch zurecht. Ähnliches gilt für Töne aus dem Computer. Es ist nicht schwer, den Mikro piepsen zu lassen. Schwieriger ist es, ihn Musik machen oder gar sprechen zu lassen.

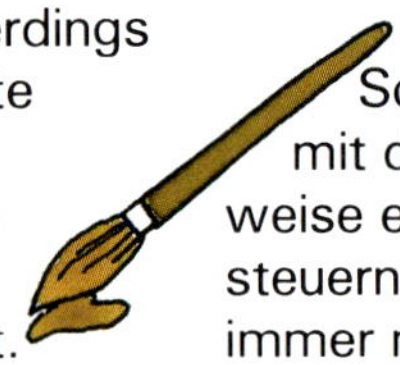

Schließlich gibt es die Signale, mit denen der Mikro beispielsweise eine elektrische Eisenbahn steuern kann. Wir geraten dabei immer mehr an richtige Expertenprobleme.

Der Punkt im Kreuz
Gehen wir davon aus, daß unser Mikro auf dem Bildschirm 200 Zeilen hat und in jeder Zeile 300 Punkte sitzen. Die unterste Zeile heißt X-Achse. Auf ihr sitzen 300 Punkte von 0 bis 299. Die senkrechte Spalte ganz links heißt Y-Achse. Sie hat von unten nach oben 200 Punkte – von 0 (der Punkt liegt auf der X-Achse) bis 199.
X und Y schneiden sich im Punkt (0,0) – wobei die erste Zahl in der Klammer das X angibt, die zweite das Y. Der Punkt (112,129) liegt senkrecht über dem X-Punkt 112 und waagerecht rechts vom Y-Punkt 129. So kann man jeden Punkt auf dem Schirm mit zwei Zahlen beschreiben.

Vom Bildschirm zum Drucker
Fast alle Mikros sind so beschaffen, daß man die Grafik zuerst auf dem Schirm aufbauen und dann mittels einer Taste oder einem Kommando auf dem Drucker ausdrucken kann, so oft man will.

Computergrafik
Sie ist schwierig, aber reizvoll. Wer sie zum Hobby machen will, muß seinen Mikro sorgfältig aussuchen und darf nicht den nächstbesten kaufen. Man unterscheidet einfache Grafik (mit der man Kurven und Tabellen darstellen kann) und schwierigere Grafiken (wie man sie für Computerspiele braucht). Es gibt auch Computergrafik als Kunst.

Wie wird gezeichnet?
Ein Fleck heißt auf amerikanisch ›plot‹.
Der Befehl
Befehlsnummer PLOT(X,Y)
schaltet bei manchen Mikros den Punkt mit den Koordinaten (X,Y) ein. Mit UNPLOT(X,Y) ist der Fleck wieder weg.
Ein Beispiel: das Programm

```
10   FOR N=0 TO 199
20   PLOT(0,N)
30   NEXT N
```

schaltet nacheinander alle Punkte der X-Achse ein. Der BASIC-Befehl FOR läßt die Befehle zwischen 10 und 30 zweihundertmal antreten.
Wenn Ihr Mikro so arbeitet, haben Sie es leicht. Wenn nicht, müssen Sie das Handbuch nehmen. Oft muß man einen zusätzlichen Prozessor mit einem ROM kaufen, um Grafik zeichnen zu können.

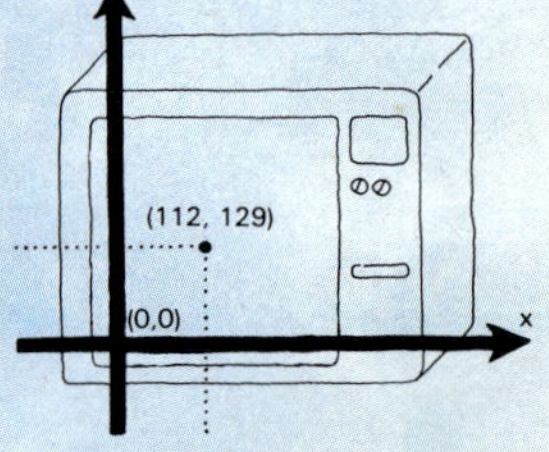

Was ist ein Signal?
Eine Ampel steht auf rot. Das ist ein Signal für den Autofahrer: so lange zu warten, bis das Signal verschwindet. Die rote Ampel brennt, weil ein elektrischer Strom eingeschaltet wurde. So lange der Strom da ist, ist auch das Signal da. Das ist die »Signaldauer«.

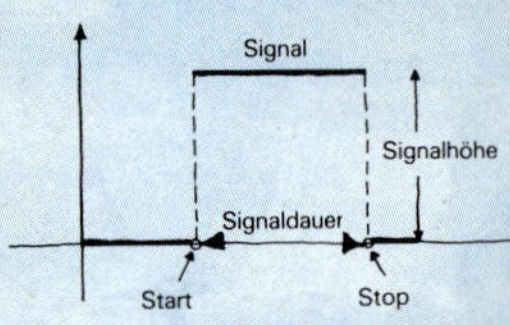

Vas ist ein Ton?
r ist eine Luftschwin-
ung, ein ständiges
uf und Ab. Starke
usschläge der Schwin-
ung erzeugen laute
öne, schwache »Am-
lituden«, wie man das
ennt, sind leise.
chwingt alles schnell
ohe »Frequenz«), so
t der Ton hoch (Zeich-
ung rechts oben);
ngsame Schwingungen
zeugen tiefe Töne
Zeichnung darunter).
ei manchen
likros gibt man
requenz und
mplitude an, und
er Mikroprozessor
teuert den Laut-
orecher so, daß
n entsprechender
on abgegeben
ird.

Töne aus dem Computer
Selbst einfache Taschenrechner, die eine Uhr haben, können zu jeder vollen Stunde piepsen und auf Wunsch ihren Herrn wecken. Auch viele Mikros haben einen kleinen Lautsprecher, über den man einen Pfeifton oder eine Tonfolge abgeben kann.
Besser ausgestattete PC haben einen Synthesizer (sprich »Süntesaiser«). Der kann nach einem Programm unterschiedliche Laute von sich geben – bis zur Nachahmung menschlicher Sprache. Manche Mikros haben auch Programme (als Ergänzung von BASIC), die ermöglichen, daß der Lautsprecher Musikstücke hören läßt. In der amerikanischen Sprache steht BEEP für den Pfeifton, SOUND für Laute – etwa aus dem Synthesizer – und MUSIC für Musik.

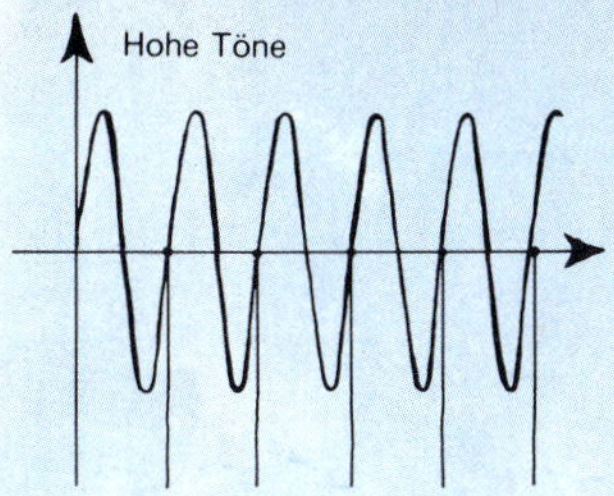

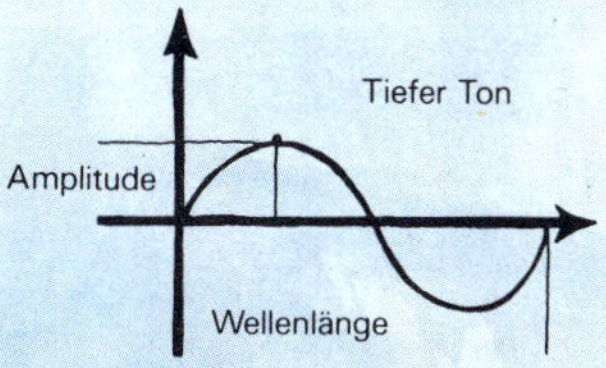

SOUND – oder der Computer spricht
Sprechen können nur wenige Mikros. Ohne ein genaues Studium des Handbuches kann man diese Einrichtung ohnehin nicht nutzen. Man gibt bestimmte Symbole – etwa Silben der Sprache – an den Synthesizer. Er macht daraus das Gemisch an Frequenzen und Amplituden, die den Lautsprecher veranlassen, entsprechende Töne abzugeben. Was man hört, erinnert sowohl an den Computer als auch an die menschliche Stimme.

MUSIC – oder der Computer singt
Einige Programme verstehen Symbole und Zeichen, die der Notensprache nachgebildet sind. Man kann damit Musikstücke in den Computer eingeben. Das Programm setzt diese Noten in Laute für den Synthesizer um. Der bedient dann den Lautsprecher. Solche Programmpakete haben nur wenige Mikros. Wer Computermusik machen will, muß seinen Mikro entsprechend aussuchen. Dieses Hobby ist nicht billig und kostet Zeit.

BEEP – oder der Computer pfeift
Viele BASIC-Dialekte verstehen das Wort BEEP. Manche haben dafür andere Worte, andere kennen die Funktion nicht. Schreibt man

```
425  BEEP 5
```

so pfeift der Mikro, wenn er zum Befehl 425 kommt, fünfmal kurz denselben Ton. Man kann ihn damit signalisieren lassen, daß er eine bestimmte Stelle im Programm erreicht hat (damit man auf ihn aufmerksam wird und ihm etwas Neues eingibt). Oder, daß das Programm beim Stop angelangt ist.

ignale im Computer
/eil der Computer ein elektronisches Gerät ist,
uß er mit Signalen umgehen können. Manche
ikros können elektrische Signale einer bestimm-
n Höhe aufnehmen, umsetzen und dann Signale
ner bestimmten Höhe abgeben. Bei einem
gnal ist vor allem wichtig, ob es überhaupt
orhanden ist. Alles andere – Höhe, Stärke usw.
kann man elektronisch regeln.
n Computer, der mit Signalen umgehen kann,
t Anschluß-Buchsen für die Aufnahme und
bgabe von Signalen. Er kennt ferner Befehle
meist nicht in BASIC –, mit denen er die Signale
rknüpfen kann. Alles andere ist die Aufgabe
on Programmen, die der Benutzer schreiben
uß. Wie man das macht, steht im Handbuch.
gnale im Computer – das ist ein Hobby für
oezialisten.

Der Mikro hilft bei Hobbys
Weil Computer Signale aufnehmen, umsetzen und auch abgeben können, sind sie ideale Partner bei manchen Hobbys. Oft benutzt man da elektronische Signale – zum Beispiel bei der elektrischen Eisenbahn. Ein Signal geht ein, daß der Zug eine bestimmte Stelle passiert hat und die Weiche auf »rechts ab« steht. Der Computer sendet ein Signal an die Weiche, die sie auf »links ab« stellt.
Wenn man den Mikro so oder ähnlich als Signalprozessor einsetzen will, muß man ihn meist zusätzlich ausrüsten. Dazu gibt es Bauteile auf Platinen, die man im Mikro unterbringen kann. Sie können Signale aufnehmen, die von außen kommen, Signale nach außen abgeben, Signale verstärken und verknüpfen. Dieses Handwerk ist allerdings nicht ganz einfach und eher etwas für Fortgeschrittene.

Die Sache mit dem Bit

Das Maß aller Information

Mit einem einzigen Blick auf die richtige Lampe im Auto kann man feststellen, wie es um die Handbremse steht:
Lampe brennt = Bremse fest.
Lampe aus = Bremse frei.
Für ›Lampe brennt‹ kann man auch 1 sagen, für ›Lampe aus‹ 0. Oder »ja« und »nein«.
Technisch stellt man 1 durch einen Strom (oder auch durch einen Stromstoß) dar, 0 durch keinen Strom.
Fragen, die man mit »ja« oder »nein« beantworten kann, bringen ein »Bit« an Information.
Das Bit ist ein wichtiges Maß für Information geworden – das Maß aller elektronischen Information. An ein- und ausgeschalteten Lampen kann man sich klar machen, daß zu zwei Bit insgesamt die vier Möglichkeiten 00, 01, 10 und 11 gehören. Das könnten die beiden Lampen für Batterie und Öl sein.
00 heißt dann: alles OK.
01 sagt, daß mit dem Öl was los ist.
10 meldet ein Batterieproblem
und 11 sagt, daß beides nicht funktioniert.
Drei Lampen bei der Verkehrsampel hätten acht Möglichkeiten. Aber meist sind nur vier davon genutzt.

Mit Bit kann man rechnen

Mit drei Bit kann man folgende 8 Kombinationen von Nullen und Einsen schreiben:

0	000	4	100
1	001	5	101
2	010	6	110
3	011	7	111

Links stehen Dezimalzahlen, rechts Bitzahlen. Man nennt sie Binärzahlen. Bei Binärzahlen sind nur 0 und 1 erlaubt. Wenn man 0+0 addiert, so kommt sicher Null dabei heraus. Auch daß 0+1 oder aber 1+0 eine Eins ergeben, leuchtet ein. Was aber gibt 1+1? Zwei ist falsch – es gibt nur 0 oder 1. Nein: hier gilt 1+1 = 10.

So addiert man binär:

0+0 = 0
0+1 = 1
1+0 = 1
1+1 = 10

Besonders einfach ist das kleine Einmaleins:

0×0 = 0
0×1 = 0
1×0 = 0
1×1 = 1

Information wird verknüpft

Zur Verknüpfung von elektronischen Informationen gibt es vor allem drei wichtige Schaltungen: ODER, UND, NICHT. Die Schaltung ›NICHT‹ macht aus einer Null immer eine Eins, aus einer Eins immer eine Null.
Die Schaltung ODER verknüpft zwei Bit so, daß am Ausgang der Schaltung ein drittes Bit erscheint: aus zwei Eingangsnullen wird eine Null am Ausgang – und eine Eins, wenn der eine **oder** der andere **oder** beide Eingänge eine Eins sind.
Die Schaltung ›UND‹ liefert eine Eins, wenn der eine **und** der andere Eingang eine Eins sind. Sonst kommt eine Null heraus.

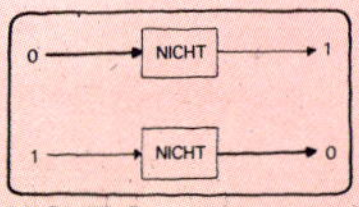

NICHT-Schaltung

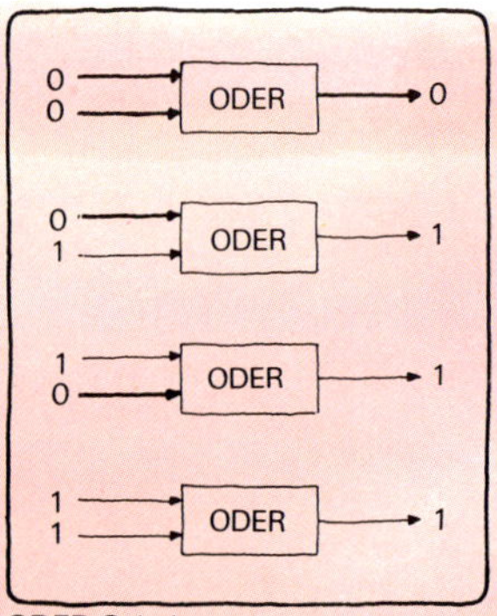

ODER-Schaltung

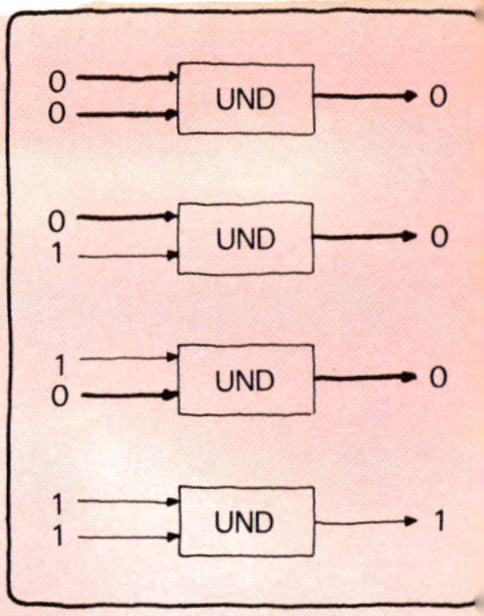

UND-Schaltung

Zeichen, Buchstaben und das Byte

Wenn man alle Kombinationen von Nullen und Einsen anschreibt, die es bei 8 Bit gibt, dann sind es – zwischen 00000000 und 11111111 – genau 256 Stück. Ordnet man jedem Buchstaben des Alphabetes, jeder Ziffer und jedem Zeichen, also allem, was auf der Tastatur des Mikro ist, eine solche Bitkombination zu – dann stellt man einen »Code« oder eine »Codierung« auf. Natürlich hat auch das große A einen andern Code wie das kleine a, damit der Computer sie unterscheiden kann. Beim Drücken gibt die Tastatur jeweils die richtige Bitkombination weiter – für 1 einen Strom, für 0 keinen. Diese Art der Information kann man elektronisch übertragen und verarbeiten.
Weil man damit 256 Zeichen darstellen kann, sind 8 Bit in der Elektronik eine vernünftige Größenordnung. 8 Bit nennt man ein »Byte«.

Bit und Byte

Eine Lampe zeigt ein Bit: AUS (0) oder AN (1).

Eine Mark hat hundert Pfennige – 1 Byte hat 8 Bit.

Eine Seite Schreibmaschinentext mit 50×40 Anschlägen umfaßt 2000 Byte oder 16 Kilobit.

Ein Buch mit 500 Seiten hat 500×2000 = 1 Million Byte = 1 Megabyte = 1 M Byte

Eine kleine Bibliothek mit 1000 Büchern hat 1000x1 000 000 = 1 000 000 000 Byte = 1 Milliarde oder 1 Gigabyte = 1G Byte Informationen.

Elektronisch zusammengezählt

Wenn man zwei Bit mit einer UND-Schaltung verknüpft, so hat man sie multipliziert. Mehr Aufwand muß man treiben, wenn man zusammenzählen will. Hier braucht man eine größere Schaltung, die folgendes kann:

0+0 = 00
0+1 = 01
1+0 = 01
1+1 = 10

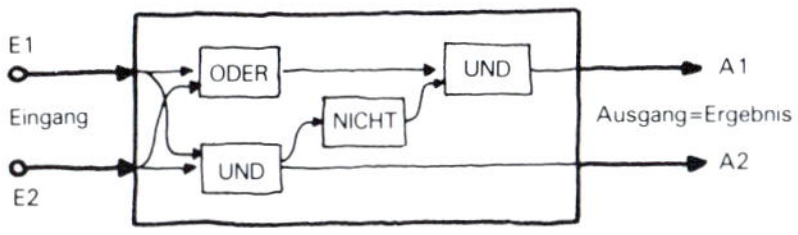

Unser Bild zeigt, wie eine Addierschaltung eine Bitkombination addiert. Will man byteweise addieren oder mit noch höheren Bitzahlen arbeiten, so werden die Schaltungen größer, weil man für jede Stelle ein solches Addierwerk braucht. Für ein Rechenwerk, das mit großen Zahlen rechnen kann, braucht man sehr viele UND, ODER und NICHT-Schaltungen.

Lampen im Auto

Eine Lampe im Auto kann zwei Nachrichten übermitteln:
0 Handbremse frei (leuchtet nicht)
1 Handbremse fest (leuchtet)
Zwei Lampen im Auto signalisieren vier Nachrichten:
00 Alles okay (beide Lampen aus)
01 Öl stimmt nicht (eine Lampe an, eine aus)
10 Batterie stimmt nicht (die andere Lampe an, eine aus)
11 Nichts läuft (beide Lampen an)

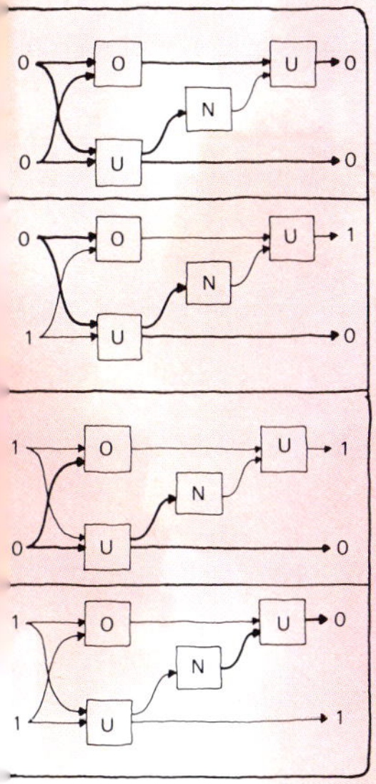

Die Verkehrsampel

Eine Verkehrsampel hat drei Lampen, die ein- oder ausgeschaltet sind. Sie hat also 3 Bit und kann damit acht Nachrichten übermitteln. Fünf davon sind sinnvoll, der Rest ist nicht genutzt.

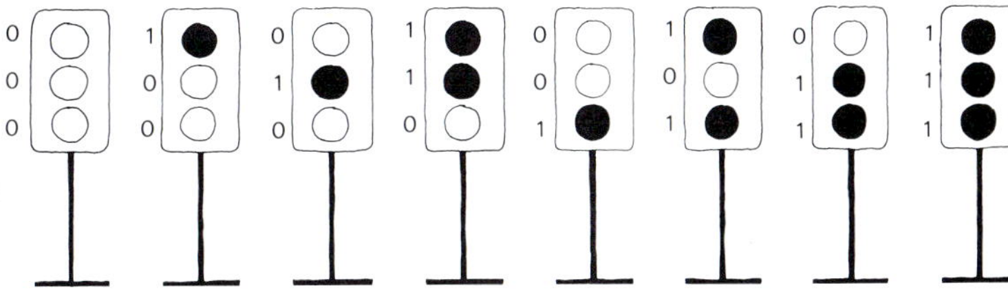

Der Blick nach innen

Was sieht man?
Den Mikro kann man öffnen. Im Handbuch findet man meist einige Zeichnungen, die erklären, wie das geht. Manchmal muß man ihn sogar öffnen, wenn man ihn erweitern will. Man findet da eine Platte von der Größe eines Briefbogens. Auf dieser Platine oder Leiterplatte sitzt die ganze Elektronik des Mikro. Ihr Aufbau ist von Typ zu Typ anders, aber es gibt doch Gemeinsamkeiten. Jeder Mikro hat einen Mikroprozessor. (Manche haben mehrere.) RAM und ROM bestehen fast immer aus mehreren Bauteilen. Wichtig ist auch der Taktgenerator. Er ist als Uhr verantwortlich dafür, daß alles wie am Schnürchen abläuft. All dies sitzt auf der Platine.

Andere Bauteile sorgen dafür, daß alles, was hereinkommt, zum Innenleben des Mikro paßt. Und daß alles, was hinausgeht, von außen aufgenommen werden kann. Das ist die Steuerung für die Ein- und Ausgabe. Oft hat der Mikro noch Platz für zusätzliche Bauteile – zum Erweitern. Etwa für Telespiele oder Grafik auf dem Bildschirm.
Andere Elemente liegen außerhalb der Platine: darunter, darüber, daneben. Dazu gehören die Stromversorgung (das sogenannte Netzteil) oder auch ein Disketten-Laufwerk.

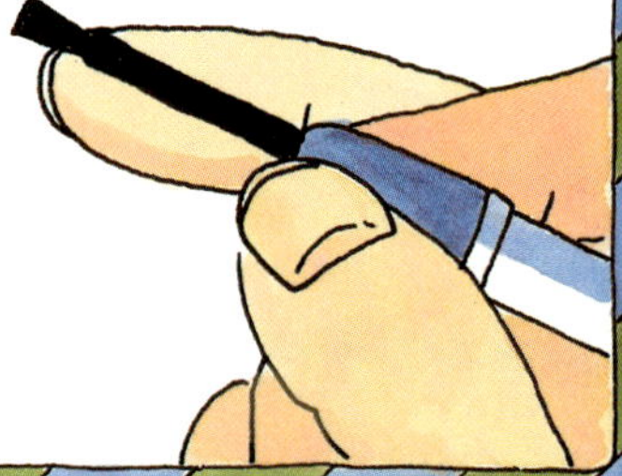

Die Platine
Die Platine trägt die Elektronik. Sie besteht meist aus Kunstharz und Glasfaser und ist sehr stabil. Ihre Unterseite ist zunächst mit einer einheitlichen Kupferschicht bedeckt. Darauf druckt man mit Spezialfarbe die Verbindungslinien zwischen den Bauteilen, steckt die Platine in ein Säurebad und ätzt alles weg, wo keine Leitung vorgesehen ist. Dieses Verfahren ist billiger und zuverlässiger als Drähte zu ziehen und zu löten.

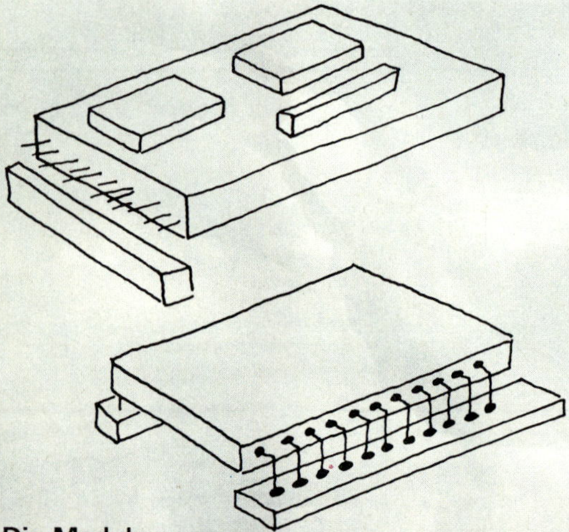

Die Moduln
Fertige Bauteile heißen »Moduln«. Ein solches Modul kann ein RAM-Baustein sein. Moduln werden in Steckleisten gesteckt.
Weil nicht gelötet werden muß, kann man Erweiterungsplatinen selbst aufstecken. Natürlich braucht man dazu eine Anleitung aus einem Beipackzettel oder dem Handbuch. Typische Erweiterungsmoduln sind zusätzliche Mikroprozessoren, aber auch Steckeinheiten für weitere RAM- oder ROM-Bauteile. Manchmal muß man einen Schalter auf der Hauptplatine betätigen, damit ein Modul dann auch angeschlossen ist. Das steht in der Anleitung.

Eingänge und Ausgänge
Vor allem die größeren Mikros und PC haben irgendwo am Zentralteil zusätzliche Steckbuchsen, die zuerst einmal blind sind. Man kann an ihnen weder etwas messen, was herauskommt, noch etwas hineinlassen, was vielleicht Schaden anrichtet.
Diese Buchsen kann man erst nutzen, wenn man zusätzliche Moduln einbaut. Dann kann der Mikro Signale aufnehmen und abgeben. Er kann damit beispielsweise Weichen und Signale bei der elektrischen Eisenbahn steuern.

2 – Einige Felder nehmen weitere Moduln auf
Die Stellen auf der Platine, die weitere Moduln aufnehmen können, erkennt man daran, daß da Steckleisten sind: schmale, längliche Kunststoffklötzchen mit Stecklöchern. In die kommen dann die Stifte. Fast immer ist dafür gesorgt, daß man das neue Bauteil nur richtig einstecken kann; falsch herum geht es gar nicht. Also keine Gewalt anwenden, sondern spielerisch arbeiten! Was nicht leicht geht, stimmt nicht.

1 – Der RAM-Bereich
Einen RAM-Speicher kann man beschreiben und lesen. Wer seinen RAM erweitert, kann größere Programme und mehr Daten speichern. Bei einem modernen PC kann man selbst Zusatz-RAM-Moduln oder Bauteile aufstecken.

3 – Der Mikroprozessor
Der Mikroprozessor ist Herz und Seele im Computer. Er verhält sich zu ihm etwa so wie der Motor zum Kraftfahrzeug; er betreibt den Mikro. Wenn man seine Anschlüsse verfolgen könnte, dann würde man erkennen, daß er aus dem RAM und auch aus dem ROM mit Programm-Befehlen versorgt wird. Diese Befehle erkennt er und bewirkt, daß sie durchgeführt werden. Ebenso kann er auf Veranlassung des Programms Daten aufnehmen und verarbeiten.
Wenn zusammengezählt werden soll, sind das immer Daten aus dem RAM. Und manchmal zusätzliche aus dem ROM – sofern es feste Zahlen sind, wie etwa das Pi. Weil der Mikroprozessor so wichtig ist, gehört ihm die nächste Doppelseite.

4 – Die Schalter
Wenn man neue Moduln eingesteckt hat, muß man sie bei manchen PC oder Mikros erstmal einschalten. Dazu dienen winzige Schalter auf der Platine. Die kann man nur mit einem Kugelschreiber oder einem ähnlich spitzen Instrument bewegen.

5 – Der ROM-Speicher
Das ist der Speicher, den man nur lesen kann – wie etwa ein Buch. Der Hersteller des Computers hat ihn bereits mit nützlichen Informationen gefüllt. Wenn der Mikro so beschaffen ist, daß man den ROM erweitern kann, läßt sich auf diese Weise BASIC erweitern oder ein anderes Paket von Zusatzfunktionen einbauen.

Der Mikro kann auch krank sein
Wenn Ihr Computer nicht mehr tut, sollten Sie ihn nicht gleich in den Müll stecken (schon weil man die aufsteckbaren Bauteile an Kollegen verkaufen kann, die den gleichen Typ haben!). Zangen, Hebelwerkzeuge und Lötkolben eignen sich nicht zur Reparatur von Mikros. Anspruchsvollere PC haben ein Testprogramm. Es zeigt auf Bildschirm oder Drucker, was fehlt. Vielleicht ist ein RAM-Baustein oder ein anderes Modul im Eimer.

Dann erfährt man aus dem Handbuch und dem Diagnoseprogramm, was sinnvoll zu tun ist – beispielsweise ein Modul oder ein Bauteil auszuwechseln. Wenn beschrieben ist, wie das geht, kann man es selbst machen. Aber ohne Lötkolben! Wenn gar nichts mehr läuft, geht man dorthin, wo man das Ding gekauft hat. Wobei sich dann bewährt, wenn man seinen Mikro beim Spezialisten und nicht einfach an der nächsten Ecke besorgt hat.

Des Mikros Herz und Seele

Der Mikroprozessor im Computer
Der Prozessor wirkt im Computer ähnlich wie der Motor im Auto: Er betreibt ihn. Dafür bezieht er aus dem RAM oder ROM – je nachdem, was zu tun ist – seine Befehle; dort stehen die Programme. Über den RAM bekommt er die Daten, die zu verarbeiten sind. Für diese Verarbeitung hat er ein Rechenwerk. Daten, die er errechnet hat, gibt er an den RAM. Er gibt auch selbst Befehle: um Daten aus dem Speicher auf den Bildschirm oder in den Drukker zu schaffen, die Diskette zu benutzen – oder dergleichen. Immer ist es der Prozessor, der dies alles veranlaßt.

Er ist also nicht nur der Motor; er ist Herz und Seele des Computers. Früher baute man Prozessoren mit Transistoren oder integrierten Bauteilen. Seit es die Mikroelektronik gibt, sind Prozessoren sehr klein. Deshalb heißen sie »Mikroprozessoren«.

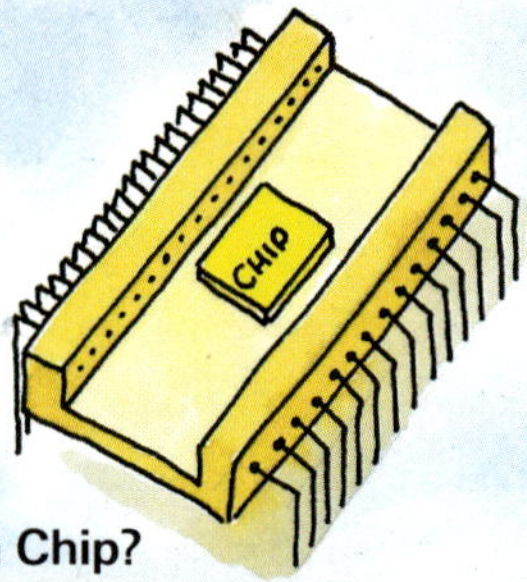

Hunderttausende von Transistoren haben auf einem Chip Platz, der kleiner ist als ein Fingernagel.

Was ist ein Chip?
Ein Chip (englisch: ein Schnipsel) ist ein kleines Silizium-Plättchen, kleiner als ein Quadratzentimeter. An seiner Oberfläche sind durch chemische und physikalische Prozesse Stellen markiert, die elektronisch entweder neutral, positiv oder negativ sind – wie man es gerade braucht. So entstehen aus winzigen Teilen des Halbleiter-Elements Silizium perfekte Transistoren. Aufgesprühte Aluminiumleitungen verbinden sie miteinander und mit den Anschlußpunkten. Auf diese Weise entstehen auf einem Chip ganze elektronische Schaltungen. Ein Mikroprozessor ist eine solche komplizierte Schaltung.
Andere Chips sind so gebaut, daß ihre Transistoren Zeichen speichern können, indem sie Stromstöße festhalten. RAM- und ROM-Chips speichern auf diese Weise 64KBit und mehr. Der Chip sitzt auf einem Träger. Seine Anschlußpunkte sind über kleine Drähte mit Steckstiften verbunden; alles zusammen kommt in ein Gehäuse und wird versiegelt.

Wie schnell ist ein Mikroprozessor?
Die Geschwindigkeit, mit der ein Prozessor seine Befehle verarbeiten kann, hängt davon ab, wie schnell seine Schaltungen reagieren. Man weiß, wieviele Befehle der Prozessor in der Sekunde verarbeiten kann; das sind die ›**I**nstruktionen **p**ro **S**ekunde‹ oder IPS. Meist hat man es mit Kilo-IPS oder KIPS zu tun, zunehmend aber auch mit Mega-IPS oder MIPS – also mit mehreren tausend oder sogar mit mehreren Millionen Befehlen pro Sekunde. (Die meisten KIPS- und MIPS-Angaben sind nicht sehr zuverlässig!).
Ein anderes Maß ist die Anzahl der Bit, die der Prozessor gleichzeitig übertragen kann. Ein Acht-Bit-Mikroprozessor (oder 8-Bit-μProz) überträgt zwei Byte parallel. Schneller ist der 16-Bit-μProz.
Will man seinen Mikro und die Geschwindigkeit seines Prozessors testen, so braucht man zwei Mikros, auf denen man das gleiche BASIC-Programm laufen läßt. Dann hat man einen ungefähren Vergleich.

Die Speichersteuerung

Der Prozessor besorgt auch die Steuerung der RAM- und ROM-Chips. Er teilt bei Bedarf dem Speicher die Adresse mit, um die es geht. Und er sagt ihm, ob gelesen oder gespeichert werden soll.
Was gelesen wurde (oder gespeichert werden soll), steht zunächst in einem Register des Mikroprozessors.

Das Rechenwerk

Das ist eine Sammlung elektronischer Schaltungen, die zweierlei kann: gewöhnliche Rechenoperationen durchführen, aber auch Zahlen und Daten vergleichen. Je nachdem, wie diese Zahlen zueinander stehen, schaltet es, so daß man das Vergleichsergebnis ablesen kann: gleich oder ungleich, größer oder kleiner.

Die Register

Register sind Speicher für kleinere Datenmengen, bis zu 64 Bit. Man verwendet sie als Puffer zwischen verschiedenen Geräten. Ein ordentlicher Mikroprozessor enthält eine Menge solcher Register, zum Beispiel 256 Stück für je 32 Bit oder 4 Byte.
Will man zwei Zahlen addieren, so müssen sie vorher in zwei Register gebracht werden. Das Ergebnis kann dann in einem dritten abgerufen werden.

Das Befehlsfolgeregister

Es gibt immer die Adresse an, unter der man den Befehl findet, der als nächster ausgeführt werden soll. Gleichzeitig wird der Befehl, der inzwischen im Befehlsregister steht, über Decoder und Steuerwerk abgewickelt.

Das Befehlsregister

Im Befehlsregister steht immer der Befehl, um den es gerade geht. Zu Beginn der Ausführung wird er aus dem RAM oder ROM besorgt; die Adresse dazu steht im Befehlsfolgeregister.

Der Unterbrecher

Mit bestimmten Tasten kann man den Befehlsablauf unterbrechen. Der Unterbrecher sorgt dann dafür, daß der gerade laufende Befehl noch abgeschlossen wird und sichert das Befehlsfolgeregister, damit man später weiß, wo es weitergeht. Dann setzt der Unterbrecher das zur jeweiligen Unterbrechung gehörige Programm in Tätigkeit. Ist dieses abgelaufen, geht es dort weiter, wo vorher unterbrochen wurde.

Der Taktgeber

Da in jedem Computer immer eines nach dem andern geschieht, braucht jeder Prozessor einen Taktgeber. Einen solchen Taktgeber hat auch das Verkehrsampel-System. Verglichen mit dem Mikroprozessor ist es allerdings sehr träge: der Taktgeber eines Mikro gibt in einer Sekunde rund 10 000 Signale als Stromstöße ab. Damit arbeitet die Steuerung im Prozessor.
Man kann leicht ein Programm schreiben, das die Signale des Taktgebers zählt und daraus die Uhrzeit errechnet. Auch eine Quarzuhr funktioniert so; sie enthält einen sehr einfachen Prozessor.

Das Steuerwerk

Es stellt die Weichen für den Datenfluß – auf den Datenpfaden, die man braucht, damit ein bestimmter Befehl durchgeführt wird. Aus Befehlen macht es Steuersignale und Adressen. Damit werden die Gatter geöffnet, durch die die nötigen Daten fließen. So werden etwa bei einem Additionsbefehl die Register, in denen die beiden Zahlen stehen, mit dem Addierwerk verbunden. Dann wird, nacheinander, Stelle um Stelle zusammengezählt. Das Steuerwerk kennt für jeden Befehlstyp einen Befehlsablauf, der über den Taktgenerator immer zum richtigen Zeitpunkt geschaltet wird.

Die Stromversorgung

Der Mikroprozessor braucht Strom. Er bezieht ihn von außen, aber er muß ihn umsetzen und verteilen. Dies besorgen Schaltungen, die man »Stromversorgung« nennt. Ein Mikroprozessor arbeitet meist mit weniger als 5 Volt und mit Bruchteilen von Watt. Er braucht also sehr wenig Strom.

Der Befehlsdecoder

Im Speicher stehen die Befehle in Buchstabenform; zum Beispiel ›GOTO‹. So kann sie der Prozessor aber nicht verarbeiten. Er braucht Nullen und Einsen, Stromstöße (1) und keine Stromstöße (0). Dies besorgt der Decoder. Er übersetzt die Befehle in den Mikrocode, den das Steuerwerk versteht.

Die Verbindungen

Von den einzelnen Teilen des Mikroprozessors laufen Anschlüsse zu leistenartigen Flächen; dort werden sie in Lötpunkten zusammengeführt. Von hier führen feine Drähte zu Anschlußstiften des Gehäuses, das den Chip trägt. Über diese Anschlüsse werden Daten, Befehle und der versorgende Strom geführt

Außerdem braucht man Software

Programme, Befehle, Kommandos – all das gehört dazu

Was man am Computer anfassen und sehen kann, das nennen die Fachleute »Hardware«. Was man an Programmen in ihn hineinstecken muß, damit er das tut, was man von ihm will, heißt »Software«. Auf dieser Doppelseite sprechen wir von der Software. Denn mit der Hardware haben wir uns schon reichlich befaßt.

Programme schreibt man in Programmiersprachen. BASIC kennen wir bereits. Aber es gibt auch noch andere Programmiersprachen, sogar sehr viele. Jede besteht aus Befehlen, Namen und Daten. Das alles ist Software.

Um den Mikro im Schwung zu halten, braucht man auch Kommandos – wie zum Beispiel RUN oder SAVE. Sie gehören zum Betriebssystem. Mit diesen Kommandos läßt man den Rechner arbeiten.

Schließlich gibt es feste Anwendungsprogramme. Die einen kauft man, wie zum Beispiel Telespiele. (Man kauft sie, damit man sie nicht selbst programmieren muß; sie sind sehr kompliziert.)

Eigene Anwendungsprogramme muß man allerdings selbst programmieren. Oder man bekommt sie geschenkt.

BASIC

Der Name (so viel wie »grundsätzlich«) soll besagen, daß es sich um eine einfache Sprache handelt. BASIC ist bei Mikros und PC sehr verbreitet, weil man es leicht lernen kann.

FORTRAN

FORTRAN ist ein Kurzwort und soll »Formelübersetzer« bedeuten. Es ist eine Programmiersprache für Ingenieure. Wer FORTRAN kann, lernt BASIC leicht. Umgekehrt ist es etwas schwieriger.

COBOL

Was FORTRAN für den Ingenieur, das ist COBOL für den Kaufmann. Nur wenige PC können COBOL. Die Sprache empfiehlt sich, wo man wenig Kompliziertes rechnen muß, aber Daten in großen Mengen hat. Wer ein bißchen englisch oder amerikanisch kann, kommt mit COBOL gut zurecht.

APL

Das ist die Abkürzung für **A** **P**rogramming **L**anguage. »Language« heißt »Sprache«. APL ist die bekannteste Programmiersprache für Profis. Man benutzt APL im Dialog. Für jede Zeile, die man eingibt, erscheint auf dem Bildschirm ausführlich, was mit der Zeile programmiert wurde. Zu APL gehört eine spezielle Kommandosprache, die BASIC ähnelt. Gegenüber BASIC erscheint APL aber sehr fachlich. Während BASIC, FORTRAN und COBOL mit Schlüsselwörtern arbeiten, hat APL nur einzelne Zeichen. Deshalb wirken APL-Programme oft sehr formelhaft.

Der Compiler

Er (sprich »kompailer«) ist ein Übersetzungsprogramm – gleichsam ein Fremdsprachenübersetzer in den Mikrocode des Mikroprozessors. Man gibt ihm ein fertiges Programm. Er spürt Fehler darin auf, zum Beispiel Schreibfehler, die keinen Sinn ergeben, oder fehlende Namen. Daraus macht er eine Liste und zeigt auf dem Bildschirm oder auf dem Drucker, was er für falsch hält. Wenn keine Falschmeldungen mehr kommen, kann man am übersetzten Programm mit Testdaten ausprobieren, ob es tut, was man will.

Zweite Möglichkeit: Erst der Compiler erzeugt das Objektprogramm

Der Interpreter

Wenn man ein Programm – etwa in BASIC – in Mikrocode umsetzen muß, so kann man das Befehl um Befehl tun und jeden Befehl auch gleich durchführen lassen. Ein Programm, das dieses kann, heißt »Interpreter« – (das amerikanische Wort für »Dolmetscher«). Nicht selten ist es fest in den Mikroprozessor eingebaut und findet den Mikrocode, den es braucht, im ROM. Es ergänzt ihn durch die Daten, die im Programm stehen.

Der Mikrocode

Der Mikrocode besteht aus Mikrobefehlen von einheitlicher Länge. Solche Befehle können etwa 4 Byte lang sein. In manchen Prozessoren sind sie länger. Mikrobefehle bestehen nur aus Nullen und Einsen. Denn die Maschine muß sie direkt verarbeiten können.

Compiler und Interpreter erzeugen mit Hilfe des Mikrocode aus einem BASIC-Programm ein Mikroprogramm. Das nennt man »Quellprogramm«, manchmal auch »Objektprogramm«.

Das Betriebssystem

Es ist gewissermaßen die automatische Gangschaltung des Mikro. Kommandos – wie etwa RUN – kann es umsetzen. Tippt man RUN ein, so sorgt es dafür, daß bei der niedersten Befehlsnummer des Programms im Speicher begonnen wird. Gibt man RUN 135 an, so beginnt der Programmablauf beim Befehl mit der Nummer 135.

Die Funktionen, die ein Betriebssystem abwickeln kann, sind oft sehr vielfältig. Wenn man mit dem Mikro zu arbeiten beginnt, muß man jedesmal zuerst das Betriebssystem aufmerksam machen, daß alsbald etwas geschehen wird. Kann sein, daß es von einer Diskette geladen wird. Kann auch sein, daß es bereits im ROM des Mikroprozessors verankert ist. Handbuch lesen!

Die Kommandos

Was im Programm steht, sind Befehle. Jedes Programm wird, wenn es erst läuft, Befehl um Befehl ausgeführt – bis STOP kommt.

Anders ist es bei den Kommandos; die kommen vom Benutzer. Mal wird ein Befehl eingefügt, dann wird etwas korrigiert. Mit Kommandos bedient man den Computer. Sie dienen vor allem dazu, seine Bedienung zu vereinfachen. Zusammen bilden sie eine Kommandosprache. Meist sind alle hinten im Handbuch aufgeführt, damit man sie auch richtig schreibt.

Kunstworte

Anwendungsprogramme haben oft klangvolle Namen; hier gibt es Kunstworte die Fülle. Was ein solches Programm kann – oft ist es ein Programmpaket auf einer Diskette oder Kassette –, lernt man aus dem Handbuch, bei einer Vorführung im Computerladen oder bei einem Freund, der Bescheid weiß. Anwendungsprogramme gibt es für viele Zwecke – vom Planen über Telespiele bis dorthin, wo der PC als flotte Schreibmaschine arbeitet.

Wie man zu einem schönen Programm kommt

Man braucht nicht alles selbst zu programmieren

Ohne Programm läuft kein Computer. Alles, was er für uns tun soll, muß zuerst programmiert werden. Wie aber kommt man zu Programmen? Es gibt drei Wege:

1 – Man programmiert selbst. Das hat nur dann einen Sinn, wenn man genau weiß, was man vom Mikro will. Je komplizierter es ist, was der Mikro tun soll, desto schwieriger ist die Eigenprogrammierung.

2 – Weil manche Dinge schwer zu programmieren sind, geben sich die Mikro-Hersteller Mühe, Programme zu liefern, die für den Mikro-Besitzer nützlich sind. Bevor man sich daran macht, etwas Kompliziertes selbst zu programmieren, fragt man den Hersteller des Computers – oder den, der ihn verkauft –, ob das Programm, das man machen will, nicht schon da ist.

3 – Auch andere Leute programmieren. Aber man kennt die vielleicht nicht. Man findet sie aber unter Freunden oder Bekannten oder über den Computerverkäufer. Es gibt auch Clubs und Zeitschriften, die sich um dieses Problem kümmern.

Was liefert der Hersteller?

Meist liefert der Hersteller eines Computers nicht nur Geräte, sondern auch Programme. Man hält sich an den, der den Computer verkauft hat. Der muß es wissen. Er kennt vielleicht auch jemanden, der zwar keine Computer herstellt, aber Programme. Solche Leute gibt es.

Das wichtigste Zubehör eines Mikro ist ein Buch, in dem Programme so abgedruckt sind, daß man sie in den eigenen Computer eintippen kann. Dort stehen auch Testdaten, mit denen man ausprobiert, ob das eingetippte Programm läuft oder ob man beim Tippen Fehler gemacht hat.

Größere Programme oder Programmpakete bezieht man auf Disketten oder Kassetten. Sie kosten Geld – oft gar nicht wenig.

Datennamen

Daten, die ein- und ausgegeben werden, bekommen einen Namen. Zwei verschiedene Daten haben zwei verschiedene Namen. Wenn man das nicht beachtet, wird das Programm verrückt und das Ergebnis kurios. Beim Taufen der Daten muß man die Spielregeln der Programmiersprache beachten. Zum Beispiel, daß in BASIC Zahlen andere Namen haben als Textketten. Bei großen Programmen gibt man Daten, die zusammengehören, zusammenpassende Namen. Manche Leute sind da sehr erfinderisch.

Daten im Programm

Unser Programm wird Daten verarbeiten und Daten erzeugen. Man legt sich einen Satz von Daten zurecht, die typisch sind. An ihnen probiert man später das Programm aus.

Selbst programmiert

Programmieren kann ein interessantes Hobby sein. Wer ein Problem programmieren will, muß es gut kennen. Man macht eine Problemanalyse und überlegt, welche einzelnen Schritte auftreten.

Dann legt man sich zurecht, welche Daten verarbeitet werden sollen und welche Ergebnisse man erwartet. Will man drucken oder genügt der Bildschirm? Nicht selten programmiert man zuerst nur einen Teil und schreibt einen Programmkern. An ihm lernt man, was man vergessen und nicht beachtet hat. Wenn man fertig ist, wird das Programm dokumentiert (das ist ein Fachausdruck): man druckt das fertige Programm aus und beschreibt es so, daß es auch ein Dritter ohne fremde Hilfe benutzen kann.

Verträgliche Programme
Zwei Menschen, die genau denselben Computer haben, sind gut dran. Denn sie können ihre Programme problemlos austauschen. Das ist aber selten.
Wer einen Mikro hat, der muß damit leben, daß er BASIC-Programme bekommt, die nicht ganz zu seinem PC passen. Der versteht meist einen etwas anderen BASIC-Dialekt. Oft sind die Unterschiede klein und leicht zu beheben. Oft geht aber auch gar nichts, weil der eine einen Befehl hat, den der andere nicht kennt. Man lernt rasch, wie mit diesen Problemen umzugehen ist.

Wir kaufen ein Programm
Es kann sehr sinnvoll sein, ein Programm oder auch ein Programmpaket zu kaufen. Aber wer ein Programm kaufen will, muß aufpassen, ob es mit dem eigenen Mikro zusammenpaßt. Dazu genügt es nicht, daß das Programm in der Sprache geschrieben ist, die unser Mikro kennt. Wenn in dem Programm Befehle auftauchen, die unser PC nicht beherrscht, hat man Probleme. Wenn das Programm Einrichtungen braucht, die unser PC nicht hat, kann es schwierig werden.
Zu einem Programm, das man kauft, gehören eine ausführliche Beschreibung des Problems, das gelöst werden soll, ferner eine Auflistung des Programmes sowie Angaben, wie der Mikro beschaffen sein muß und wieviel RAM man braucht. Es gehören auch Testdaten dazu, um das Programm auszuprobieren.

Der Dialog
Gut ist es, wenn ein Programm im Dialog arbeitet und über Bildschirm oder Drucker sagt, was es jetzt von einem haben möchte. Einen solchen Dialog baut man sich vorher auf und hält fest, welche Bemerkungen das Programm machen soll. Die Texte sollen knapp und klar sein. Denn es kostet nachher Zeit, sie auszudrucken.

Das Testen
Ein Programm ist dann fertig, wenn es das tut, was man von ihm will. Dies stellt man dadurch sicher, daß man das Programm testet. Dazu läßt man es laufen und gibt ihm Daten, von denen man weiß, was herauskommen muß – sogenannte Testdaten. Wenn ein Programm viele Verzweigungen enthält, muß man die Testdaten so anlegen, daß alle Verzweigungen getestet werden. Nur so weiß man, was das Programm im Einzelnen kann. Testen ist oft mühsam, weil man immer wieder auf Fehler stößt, die man ausbessern und dann den Test wiederholen muß. Wenn man später das Programm dokumentiert, hält man auch fest, welche Testdaten man benutzen kann.
Erfahrene Programmierer wundern sich nicht, wenn auch später noch Fehler auftreten, weil ein Testfall vergessen wurde.

Die Programmskizze
Nur relativ kleine Programme schreibt man in einem Zug über den Bildschirm. Meist fängt man mit einem Teil an und lernt erstmal, was man falsch gemacht hat. Dann bessert man aus, läßt sich das Programm auf dem Schirm zeigen oder auch ausdrucken und macht weiter. Bei großen Programmen macht man Programmskizzen und notiert das Wichtigste vorher – am besten gleich in BASIC. So vermeidet man auch logische Fehler.

Die Dokumentation
Ein Programm ist für den Besitzer nur so gut wie seine Dokumentation. Man hat eine Kartei, ein Heft oder einen Ordner. Darin gibt es für jedes Programm ein Dokument. Wie groß muß der Speicher sein? Welche Programmiersprache? Wann wurde programmiert – und wer hat es getan? Testdaten sind unerläßlich, Angaben über Laufzeiten zumindest nützlich. Verschlampte Programme wirft man besser gleich weg. Und wer ein Programm ohne Dokumentation aus der Hand gibt, ist unfair.

Die Programmbibliothek
Wer viele Programme hat, ist gut dran – wenn er sich in seiner Programmbibliothek auskennt. Es ist wie bei Schallplatten, Kassetten und Dias. Nützlich sind sie nur, wenn man sie wiederfindet. Eine Kartei, ein Heft oder ein Ordner sind unerläßlich. Die Programmbibliothek besteht aus ladefähigen Programmen. Bei kleinen Mikros muß man immer wieder eintippen. Das kann lästig sein. Besser ist es, wenn die Bibliothek auf Kassetten oder Disketten gespeichert ist. Wie jede gute Bibliothek muß man auch eine Programmbibliothek pflegen. Veraltetes wird gelöscht, Neues wird sinnvoll eingefügt.

Wir kaufen einen Mikro

Zwischen tausend und zwanzigtausend Mark
Der Kauf eines Mikros braucht so viel Überlegung wie der Kauf eines Autos. Auch wenn man weiß, daß man einen Mikro geschenkt bekommen soll, ist es gut, wenn man bei der Auswahl mitreden darf.

Zuerst muß man sich für die Größenordnung entscheiden. Kleine Mikros im Taschenrechner-Format kosten unter 1000 DM. Dann ist auch ein Minidrucker dabei. Große Mikros gehen bis in die Gegend von 20 000 DM. Sie sind sehr gut ausgerüstet und taugen auch für Profis. Dazwischen liegt ein breites Spektrum. Es gibt auch einen Gebraucht-Mikro-Markt. In Fachzeitschriften findet man Anzeigen.

Viele Mikros lassen sich nach dem Kauf noch ausbauen. Man kann den RAM erweitern, einen Drucker anschließen, zusätzliche Diskettenlaufwerke und Spezialgeräte anbringen. Je teurer ein Mikro ist, desto wichtiger ist es, daß man beim Kauf beraten wird. Dann kann man nach der Qualität fragen, nach der Garantie und was passiert, wenn etwas kaputtgeht.

Etwas Kleines für den Hausgebrauch
Die kleinsten Mikros haben das Format von größeren Taschenrechnern. Im Gegensatz zu diesen sind sie mit BASIC programmierbar und haben einen RAM für 400 Schritte in BASIC. Man bekommt sie im Fachhandel für wenige hundert Mark. Es sind Probiergeräte für Leute, vor allem für junge, die sich nicht sicher sind, ob sie überhaupt einen PC haben möchten.

Solche Minimikros sind ausbaufähig, etwa auf 16 KByte RAM. Man kann einen Drucker anschließen (für Papierstreifenrollen, wie sie bei Ladenkassen üblich sind) und auch einen Kassettenrekorder für Daten und Programme. So kostet ein Minimikro zwischen 1000 und 2000 DM – je nach Größe, Fabrikat und Jahrgang.
Natürlich sind die Prozessoren solcher Minimikros relativ schwach, wie die Motoren bei Kleinstwagen. Aber schließlich kann man auch mit dem kleinsten Kleinauto fahren, wenn man bescheiden ist.

Weitere Tips zum Kauf eines Mikro finden Sie auf der nächsten Doppelseite.

Mittelklasse für gehobene Ansprüche
Der mittlere Mikro hat wenigstens ein Diskettenlaufwerk und oft auch einen eigenen Bildschirm, bei älteren Versionen einen Kassettenrekorder als festen Bestandteil und mindestens 64 KByte RAM. Diskettenspeicher erweitern den PC zur flexiblen Speicherung größerer

Qualität und Garantie

Die Qualität eines Mikro hat etwas mit seinem Preis zu tun. Aber auch damit, daß man das Gerät warten kann, wenn ihm etwas fehlt. Dazu gehört, daß Ersatzteile schnell da sind, wenn ein Bauteil ausfällt. Je teurer ein Mikro ist, umso wichtiger, daß der Verkäufer auch dann noch zu seiner Ware steht, wenn sie nicht mehr funktioniert.
Beim Kauf eines Mikro läßt man sich sagen, was im Reparaturfalle passiert und verlangt eine Garantiekarte. Moderne Computer sind sehr zuverlässig. Aber man muß wissen, woran man ist.

Der Mikro auf dem Prüfstand

Es gibt kaum etwas Aussichtsloseres, als zwei verschiedene Mikros miteinander vergleichen zu wollen. Mit dem Wort ›Benchmarktest‹ (sprich »Bentschmarktest«) bezeichnet man folgendes Vorgehen: Man schreibt ein größeres Programm in BASIC, das den Anforderungen entspricht, die man bei einem Mikro erwartet. Dieses Programm läßt man auf jedem PC laufen, den man möglicherweise kaufen will. Man mißt Laufdauer und Speicherbedarf und registriert, was an Eigenarten auftritt. Läuft das Programm nicht, dann hat man immerhin gelernt, woran es liegt: am fremden BASIC-Dialekt, an der mangelnden Zuverlässigkeit des Gerätes oder aber der fragwürdigen Qualität der eigenen Programmierung.

Es gibt viele Gründe für und gegen einen Computer. Das ist wie beim Auto. Wer unbedingt ein bestimmtes Auto haben will, weil es ihm gefällt, kann sich alle Probefahrten mit anderen Wagen sparen.

Technik und Strom

Bei der Vielfalt der heute angebotenen Mikros gibt es auch eine Vielfalt an Technik und Qualität. Das fängt bei der Stromversorgung an und reicht bis zum Flimmern des Bildschirms, zur Qualität des Druckers. Es lohnt sich schon, zu prüfen, wie die Kabel aussehen und wie die Anschlüsse von einem zum andern Gerät hergestellt werden.

Wo der Kontakt wackelt, ist nachher auch die Verbindung unzuverlässig. Und wenn eine Knopfbatterie teurer ist als der ganze Mikro, dann ist auch dies ein Kriterium.
Deshalb: Augen auf beim Kaufen!

Datenbestände; auch der Aufbau einer größeren Programmbibliothek macht erst mit Disketten richtig Spaß.
Bei mittleren Mikros sind die Zentraleinheit mit RAM und ROM, Tastatur, Bildschirm und Diskettenlaufwerk in einem Gehäuse zusammengefaßt. Alles zusammen kostet meist über tausend Mark. Man kann dann noch zusätzlich einen Drucker und andere Spezialgeräte anschließen.

Maxis unter Mikros

Ein Rechner, dessen Prozessor aus einem Chip besteht, ist ein Mikro. Wenn dieser Prozessor BASIC oder eine ähnliche Sprache für den Benutzer bietet, spricht man auch von einem PC. Die Abkürzung besagt, daß es sich um einen Computer für den persönlichen Gebrauch handelt (C wie Computer, P wie persönlich)
Man kann kaum sagen, wo die Grenze zwischen einem PC und anderen Computern liegt. Denn es gibt sehr große PC mit allen Zusatzgeräten und voller Ausbaufähigkeit. Moderne große PC kann man an Computernetzwerke und zukünftig auch an das Bildschirmtext-System anschließen.
Ein Maxi-Mikro hat einen Mikroprozessor mit 16 Bit (bald schon mit 32 Bit); sein Speicher zielt auf 1 Megabyte. Das sind Hochleistungswerte, die ihren Preis haben, aber auch entsprechende Leistung bieten.
Beim großen Mikro findet man häufig eine Kombination der Zentraleinheit mit zwei Diskettenlaufwerken in einem Gehäuse. Die Tastatur ist, ebenso wie der Bildschirm, selbständig; man kann sie herumtragen.

Noch mehr Bedenkenswertes beim Kauf

Auch das will beim Kaufen bedacht sein

Wenn man von den billigen Minimikros absieht, ist die Anschaffung eines PC doch eine größere Sache. Das heißt ja nicht, daß sich das Geld nicht lohnt. Aber wie beim Auto oder bei einer Schreibmaschine hat man das Gerät nachher doch längere Zeit und will seinen Spaß daran haben. Hier auf dieser Seite sind weitere Informationen abgedruckt, die möglicherweise nützlich sind, wenn man einen Mikro kaufen will.

Das Computer-Handbuch
Meist muß man mit seinem Computer ohne Hilfe fertigwerden. Deshalb gehört zu jedem Mikro ein Handbuch. Dessen Qualität entscheidet, ob man mit seinem PC zurechtkommt. Wer Mikros miteinander vergleicht, sollte die Handbücher vergleichen. Wenn ein Handbuch nur deshalb so dick ist, weil alles in sechs Sprachen erklärt wird, steht fünfmal zuviel drin. Gute Handbücher bestehen aus einer erweiterbaren Sammlung loser Blätter in einem stabilen Ordner. Sie müssen übersichtlich gegliedert sein, ein detailliertes Register haben und viele Beispiele bringen. Jede Zeile des Handbuchs sollte zeigen, daß es von der Praxis für die Praxis geschrieben ist.

Auch Software ist ein wichtiges Thema
Der Computer bezieht seine Weisheit aus den Programmen. Mit ihnen gewinnt er die Qualität, die er für seinen Besitzer haben soll. Wer einen Computer kauft, muß sorgfältig prüfen, ob er auch im Bereich der Software das bekommt, was er braucht. Daß Software Geld kostet, ist leicht zu verstehen. Sie ist für den Benutzer ja auch Gold wert. Wichtig ist, daß sie das bringt, was man für den Preis, den sie kostet, erwarten darf.

Computer zum Anfassen
Der direkte Kontakt mit einem Computer ist für viele Käufer sehr wichtig. Deshalb ist es üblich, daß man mit dem Computer seiner Wahl vor dem Kauf spielen darf. Auch dort, wo der Computer über den Versandhandel angeboten wird, gibt es meist Verkaufsstellen, wo so ein Ding steht, das man anfassen kann. Davon sollte man unbedingt Gebrauch machen.
Manchmal findet man den PC auch bei einem guten Freund oder Bekannten. Dann lernt man noch mehr über seine Vor- und Nachteile als im Laden, wo ja doch immer die Verkaufsinteressen vorherrschen.

Hier geht's um den Bildschirm
Beim Bildschirm, den man möglicherweise kauft, muß man sehr darauf achten, daß er alles bietet, was man von ihm will. Dient er nur zur Anzeige dessen, was man eingibt, und hat man sonst nichts Besonderes mit ihm vor, ist die Entscheidung nicht schwer. Wer allerdings grafische Dinge im Sinn hat, muß fragen, wieviel Punkte in Zeile und Spalte sind. Auch Farben spielen dann eine Rolle. Gibt es drei, 16 oder gar mehr? Zum Prüfen des Bildschirms braucht man die Augen.
Man kann aber auch mit dem besten Bildschirm nur so gut umgehen, wie er durch die Programmiersprache unterstützt wird.

Mehr Speicher sind besser
Zusätzliche Speicher sind wichtig. Kann man den RAM erweitern – und was kostet das?
Bei den Kassetten muß man darauf achten, daß sie nach und nach von den Disketten verdrängt werden. Dadurch werden sie billiger, verlieren aber ihre Nachteile nicht: daß man eins nach dem andern lesen und schreiben muß.
Bei den Disketten fragt man nach der Kapazität in Kilobyte und nach der Zugriffszeit in Millisekunden. Damit kann man Disketten vergleichen. Mehr Kapazität und weniger Zugriffszeit ist besser. Große Mikros haben fest eingebaute Platten als Zusatzspeicher. Die sind teuer, bringen aber viel Kapazität und schnellen Zugriff. Da man Festplatten nicht auswechseln kann, lädt man sie zu Beginn der Arbeit – etwa von einer Kassette oder von mehreren Disketten.

Es soll gedruckt werden
Beim Drucker hat man ein ähnliches Problem wie beim Bildschirm. Auch hier wird die Auflösung durch die Anzahl der Punkte in den Zeilen und Spalten bestimmt. Wichtig ist auch, wie sich die Punkte im Gesamtbild zusammenfügen. Man muß mit eigenen Augen gesehen haben, ob das Druckbild den Vorstellungen entspricht. Und wie ist es, wenn man ein Bildschirmbild drucken läßt? Hier gibt es gelegentlich Verzerrungen, die dann enttäuschen.
Manche Drucker können nur Buchstaben und Zeichen drucken. Dann kann man mit ihnen nicht oder nur sehr unzulänglich zeichnen. Wer allerdings nur Zeichen der Tastatur drucken will, hat kein Problem.

Dutzendweise Anschlüsse
Größere Mikros können Signale von außen aufnehmen, umsetzen und nach draußen abgeben. Man kann damit (bei der Eingabe) Meßgeräte ablesen sowie (bei der Ausgabe) Ventile öffnen und schließen, Schalter betätigen oder sonstwie aktiv sein. Zum Beispiel kann man den Betrieb auf einer Modelleisenbahn steuern.
Regeln und Steuern sind wichtige Tätigkeiten, die über den Rahmen dieses Buches hinausführen. Wer diese Anwendungsmöglichkeiten sucht, muß vorher intensiv mit dem Lieferanten eines Computers reden.

Große und kleine Brüder

Der kleine Bruder
Der PC oder Mikro ist der Computer für den persönlichen Gebrauch, der moderne Rechenschieber. Aber er trägt alle Merkmale des richtigen Computers. Mehr noch: er ist ein richtiger Computer, mit allem was dazugehört. Von seinen großen Brüdern in der Industrie oder in den Verwaltungen, in den Forschungslabors oder an den Universitäten unterscheidet er sich nicht grundsätzlich, sondern nur in der Leistungsfähigkeit und Geschwindigkeit, mit der er seine Programme abwickelt. Er ist eben der kleine Bruder in dieser Familie nützlicher Werkzeuge.

Der Nutzen einer Datenbank
Wenn man eine große Menge von Daten hat, die von vielen Leuten gleichzeitig benutzt werden sollen, verwaltet der Computer eine Datenbank. Er regelt dann den Zugriff zu den Daten und stellt sie auf dem Bildschirm zur Verfügung. Damit unterstützt er den Sachbearbeiter in der Schalterhalle einer Bank, hilft aber auch dem Goldesel, bei dem man mit der Kreditkarte Geld herausläßt. Hier prüft der Computer in der Datenbank, ob die Kreditkarte zum Geheimcode paßt, ob noch Geld auf dem Konto ist und heute schon einmal Geld geholt wurde. Man kann auch mit einem modernen Mikro Zugriff zu einer großen Datenbank haben – wenn man dazu berechtigt ist.

Die Zusammenarbeit der Computer
Moderne Computer arbeiten oft zusammen – beispielsweise alle Computer einer Bank. Dazu nehmen sie über Telefonleitungen Kontakt miteinander auf und tauschen ihre Daten aus. So kommt die Überweisung von der Firma zur Bank und die Steuer zum Finanzamt. Auch der PC kann über ein Netzwer mit anderen Computern zusammenarbeiten. Der Benutzer des Mikro wählt dazu den großen Computer an. Dann kommt ein Pfeifton. Man drückt auf einen Knopf und ist mit dem Computer verbunden. Er sagt einem, was man tun muß und was man von ihm erfahren kann. Das gibt einen Computer-Dialog.

Computer Ingenieur
Computer findet man heute auch bei den Ingenieuren, Konstrukteuren und Wissenschaftlern. Hier wird viel gerechnet. Es wird aber auch auf dem Bildschirm konstruiert und gezeichnet. Das ist eine besonders interessante Anwendung, die man im kleinen Stil auch auf einem gut ausgestatteten PC vornehmen kann.
Schließlich schreiben die Computer Aufträge für die Fabrik und wickeln den ganzen Papierkram ab, den man braucht, wenn man wirtschaftlich produzieren will. Computer, die diese Arbeit tun, unterscheiden sich nicht von andern. Sie sind nur anders programmiert.

Computer Kaufmann
Viele Computer sind damit beschäftigt, den Kaufleuten in den Büros an die Hand zu gehen. Sie schreiben Rechnungen und verbuchen Zahlungen. Sie bestellen und halten die Bücher in Ordnung. Am Monatsende berechnen sie Löhne und Gehälter der Mitarbeiter; sie schreiben auch die Überweisur auf das Gehaltskonto. So arbeitet ein Bürocomputer. Bei kleinen Firmen kann das durchaus ein PC sein.

Register

Fachausdrücke aus dem Amerikanischen

BASIC (sprich: beisic) soviel wie ›elementar‹
BEEP (biep) Kunstwort, ähnlich dem deutschen Pieps
BIT Kunstwort, gebildet aus **BI**nary digi**T**
BLANK (blänk) Zwischenraum zwischen zwei Buchstaben
BYTE (bait) reines Kunstwort
CHIP (tschip) Schnipsel, kleiner Span
COMPILER (kompailer) von ›to compile‹, deutsch: zusammenbauen, zusammensetzen. Der Compiler setzt aus dem Programm in der höheren Programmiersprache das Maschinenprogramm zusammen.
CURSOR (körser) Der Schieber auf dem Rechenschieber heißt Cursor im Englischen.
DELETE (dilit) ist das englische Wort für ›löschen, auslöschen‹
DIRECTORY (dairektorie) Telefonbuch
ENTER eintreten, hineingehen
FOR für
FORTRAN Kunstwort aus **FOR**mula **TRAN**slator, zu deutsch Formelübersetzer
GET erhalten, bekommen, kriegen
GOTO (gouto) gehe nach
IF wenn
INPUT Eingabe
INSERT (insört) einfügen
INTERPRETER (interpriter) Dolmetscher
LET lassen, zulassen
LIST listen, auflisten
LOAD (laud) laden, beladen
MEMORY Speicher, Gedächtnis
MUSIC (mjusik) Musik
PLOT Stück, Punkt, Fleck
PRINT drucken
PUT setzen, legen, stellen, geben
RANDOM ACCESS (rändem äksess) Zufallszugriff
READ ONLY (ried aunlie) nur zum Lesen
RENUMBER (rienamber) umnumerieren
RETURN (ritörn) zurückkehren
RUN (ran) rennen, laufen
SAVE (seif) sichern
SHIFT (schift) verstellen
SOUND (saund) tönen, klingen
SYNTHESIZER (süntesaiser) Ein Gerät, das synthetisch zusammensetzt.